Constituição e Processo do Trabalho

MANOEL JORGE E SILVA NETO

Professor-Adjunto de Direito Constitucional da Faculdade de Direito da Universidade Federal da Bahia. Doutor e Mestre em Direito Constitucional pela Pontifícia Universidade Católica de São Paulo. Procurador do Ministério Público do Trabalho (BA). Membro da Academia Nacional de Direito do Trabalho (Cadeira n. 64), do Instituto Brasileiro de Direito Social Cesarino Júnior, da Academia de Letras Jurídicas da Bahia (Cadeira n. 32). Ex-Presidente da Associação Nacional dos Procuradores do Trabalho.

CONSTITUIÇÃO E PROCESSO DO TRABALHO

EDITORA LTr®
SÃO PAULO

Dados Internacionais de Catalogação na Publicação (CIP)
(Câmara Brasileira do Livro, SP, Brasil)

Silva Neto, Manoel Jorge e
Constituição e processo do trabalho / Manoel Jorge e Silva Neto. — São Paulo : LTr, 2007.

Bibliografia.
ISBN 978-85-361-1000-4

1. Brasil – Direito Constitucional 2. Direito processual do trabalho – Brasil I. Título.

07-0480 CDU-331.4

Índice para catálogo sistemático:

1. Brasil : Constituição e processo do trabalho : Direito 342.4:347.9:331 (81)

(Cód. 3457.0)

LTr
EDITORA LTDA.

Rua Apa, 165 - CEP 01201-904 - Fone (11) 3826-2788 - Fax (11) 3826-9180
São Paulo, SP - Brasil - www.ltr.com.br

Junho, 2007

Dedico este livro ao querido professor e amigo, José Augusto Rodrigues Pinto, *um dos brasileiros mais notáveis que conheço. Pelo estímulo intelectual e pela amizade.*

E à sua Ana Maria, *pela alegria contagiante.*

Vocês são parte da minha história de vida.

SUMÁRIO

Capítulo 4 – O Princípio do Direito de Ação e o Processo do Trabalho

Capítulo 5 – O Princípio da Isonomia e o Processo do Trabalho

Capítulo 6 – O Princípio da Proibição da Prova Ilícita e o Processo do Trabalho

Capítulo 7 – O Princípio do Duplo Grau de Jurisdição e o Processo do Trabalho

Capítulo 8 – Constituição e Redistribuição de Processos na Justiça do Trabalho

Capítulo 9 – O Ministério Público do Trabalho, a Tutela Coletiva e a Constituição de 1988

Capítulo 10 – A Inviolabilidade do Domicílio e o Art. 770 da Consolidação das Leis do Trabalho

Capítulo 11 – Exegese do Art. 114, da Constituição Federal

Capítulo 12 – A Imunidade de Jurisdição e o Processo do Trabalho

Capítulo 13 – A Prescrição na Constituição de 1988 e o Processo do Trabalho

Capítulo 14 - A Constituição e o Regime de Precatórios

Capítulo 15 – Constituição e o Princípio da Publicidade dos Atos Processuais

Capítulo 16 – Questões Controvertidas Sobre Controle de Constitucionalidade

ABREVIATURAS

Ac. .... : Acórdão
ADCT .... : Ato das Disposições Constitucionais Transitórias
ADIMC........... : Ação Direta de Inconstitucionalidade com Medida Cautelar
ADIn. .... : Ação Direta de Inconstitucionalidade
AgRg .... : Agravo Regimental
AI .... : Agravo de Instrumento
AP .... : Agravo de Petição
CC .... : Conflito de Competência
C. Civ. .... : Câmara Cível
CCP's .... : Comissões de Conciliação Prévia
CE .... : Ceará
CF .... : Constituição Federal
CLT .... : Consolidação das Leis do Trabalho
CONAMP ...... : Associação Nacional do Ministério Público
CPC.............. : Código de Processo Civil
DF .... : Distrito Federal
DJ .... : Diário de Justiça
DJPB .... : Diário Oficial da Paraíba
DJU .... : Diário de Justiça da União
DOU .... : Diário Oficial da União
EC .... : Emenda Constitucional
GO................ : Goiás
HC .... : *Habeas Corpus*
ICP .... : Inquérito Civil Público

J. .... : Julgamento
LAP .... : Lei da Ação Popular
LC.................. : Lei Complementar
LOMPU .... : Lei Orgânica do Ministério Público da União
LONMP .... : Lei Orgânica Nacional do Ministério Público
MG .... : Minas Gerais
Min. .... : Ministro
MS................. : Mandado de Segurança
PE .... : Pernambuco
Proc. .... : Processo
R.................... : Região
RDA.............. : Revista de Direito Administrativo
Rel. .... : Relator
Resp .... : Recurso Especial
RJ .... : Rio de Janeiro
ROHC .... : Recurso Ordinário em *Habeas Corpus*
ROMS .... : Recurso Ordinário em Mandado de Segurança
RR .... : Recurso de Revista
RTJ .... : Revista Trimestral de Jurisprudência
SDI .... : Seção de Dissídios Individuais
STF .... : Supremo Tribunal Federal
STJ .... : Superior Tribunal de Justiça
T.................... : Turma
TARS .... : Tribunal de Alçada do Rio Grande do Sul
TJES .... : Tribunal de Justiça do Espírito Santo
TJPB .... : Tribunal de Justiça da Paraíba
TJRJ .... : Tribunal de Justiça do Rio de Janeiro
TRF .... : Tribunal Regional Federal
TRT .... : Tribunal Regional do Trabalho
TST .... : Tribunal Superior do Trabalho

PREFÁCIO

Sempre tivemos o inconfessado desejo de discorrer sobre a Constituição de 1988 e o processo do trabalho; esbarrávamo-nos, contudo, na dificuldade para escrever sobre processo dentro de contexto puramente infraconstitucional.

Ocorre que, em sucessivas oportunidades, ao examinarmos diversos processos trabalhistas na condição de *custos legis* no Ministério Público do Trabalho, observamos questões de natureza processual cujas respostas estavam longe da Consolidação das Leis do Trabalho ou do Código de Processo Civil — reputado como fonte normativa subsidiária do processo do trabalho (art. 769, da CLT) —; as respostas somente se encontravam na Constituição de 1988.

E tão habitual se tornou a solução de problemas de ordem processual trabalhista a partir da análise da Constituição Federal que concluímos ser desconcertante a inexistência de específico trabalho doutrinário sobre a Constituição de 1988 e processo trabalhista.

É verdade que muitos artigos têm sido publicados e tantas outras produções acadêmicas de inegável qualidade têm vindo a lume para examinar, ainda que pontualmente, temas processuais cujo trato é reconduzido à Constituição de 1988; não obstante, o que nos parecia insólito — repetimos — era a ausência de obra específica sobre a relação entre o sistema constitucional e o processo do trabalho.

Portanto, por destemida ousadia, pusemo-nos a escrever sobre o assunto no início do ano de 2007, e, bom ou mau, o resultado aí está: "Constituição e Processo do Trabalho" — um trabalho despretensioso, cujo maior propósito é instalar discussão acerca dos reflexos das normas constitucionais no processo do trabalho, fazendo com que outros estudiosos, com muito mais luzes, possam fazer aquilo que não nos foi possível realizar.

O desejo é o mesmo que nos faz escrever disciplinadamente ao longo de todos esses anos; é a mesma obsessão que tem nos compelido a dar aulas extras aos sábados e em feriados e a participar de eventos, seminários e congressos em hotéis atraentes com auditórios refrigerados, mas também em sindicatos e salas humildes de associações de bairros: a consolidação de uma *cultura constitucional* no nosso País.

Sem esta cultura constitucional, não haverá salvação; nem para mim, nem para você, estimado leitor, nem para ninguém neste nosso País de tantas e renovadas desigualdades...

Salvador, março de 2007.

Capítulo 1

CONSTITUIÇÃO E PROCESSO

1.1. A importância conferida ao direito processual pela Constituição. O surgimento do direito processual constitucional e do direito constitucional processual

Entende-se com infeliz habitualidade que a Constituição é apenas o texto normativo disciplinador das funções do Estado, da forma de assunção e exercício do poder político, promovendo-se — por assim dizer — uma espécie de "desumanização" do texto constitucional.

Evidentemente, sem pretensões quanto a fazer desvanecer esta idéia que, na verdade, descreve um importante papel cometido às Constituições de um modo geral, é preciso compreender a realidade constitucional dentro de perspectiva bem mais abrangente.

Constituição, assim, não regula tão-só as funções estatais e não justifica sua existência exclusivamente na consolidação de regras por meio das quais indivíduo ou grupos são alçados às estruturas de poder.

Constituição é, antes de mais nada, realidade que se põe a serviço do ser humano.

Não à toa é que se descreve a *dignidade da pessoa humana* como fundamento da República Federativa do Brasil (art. 1º, III, da Constituição), referindo-se-lhe, ainda, como "valor-fonte do sistema normativo brasileiro", tal como acertadamente proclama o saudoso *Miguel Reale*.[1]

---

(1) Cf. *Estado Democrático de Direito e Conflito de Ideologias*, p. 2.

Quando o elemento constituinte originário põe sob destaque a pessoa humana, consagrando a sua dignidade, tem em mira pugnar pela humanização do sistema constitucional.

Com efeito. Se a Constituição é o estatuto jurídico dentro do qual foram disciplinadas questões da mais alta importância para a organização do Estado brasileiro, como a previsão de eleições, duração dos mandatos, competências das unidades federativas, organização das funções estatais legislativa, executiva e judiciária, intervenção federal e tantas outras disposições da ordem, a referência à dignidade da pessoa humana funciona como cláusula de advertência para a circunstância de que, não obstante seja a Constituição o texto que disciplinará as relações de poder, o que mais importa, em suma, é colocar a serviço do ser humano tudo o que é realizado pelo Estado.

Notadamente após a Segunda Guerra Mundial, como resposta ao predomínio do arbítrio e do totalitarismo que conduziram a humanidade à terrível conflagração, iniciaram os sistemas constitucionais o importantíssimo processo de densificação dos direitos fundamentais das pessoas, dentre os quais os relativos às garantias mínimas que deveriam estar presentes em todo processo judicial.[(2)]

Joan Picó y Junoy explica que "após a Segunda Guerra Mundial se produz na Europa e principalmente naqueles países que na primeira metade do século XX tiveram regimes políticos totalitários, um fenômeno de constitucionalização dos direitos fundamentais da pessoa, e dentro destes, uma tutela das garantias mínimas que deve reunir todo processo judicial".[(3)]

Não fosse assim, se imaginássemos uma organização estatal fleumática, soberba e indiferente às demandas dos indivíduos, teríamos de aceitar passivamente a tese de que o Estado é um fim em sim mesmo e não um meio ao atingimento de finalidades[(4)] que, em último grau, contemplam a melhoria das condições de vida das pessoas, o que invariavelmente se dá por meio da proteção aos direitos fundamentais.[(5)]

E se, inegavelmente, tudo o que é construído pela natureza humana se prende a propósito de satisfação de necessidades humanas; se tudo o que é

---

(2) Fix Zamudio esclarece que "(...) a verdadeira garantia dos direitos da pessoa consiste precisamente em sua proteção processual, para a qual é necessário distinguir entre direitos do homem e as garantias de tais direitos, que não são outras que os meios processuais mediante os quais é possível sua realização e eficácia" (cf. *La protección procesal de los derechos humanos*, p. 51).

(3) Cf. *Las Garantias Constitucionales del Proceso*, p. 17.

(4) Tanto a *finalidade* é elemento indissociável do Estado que, de modo correto, Alexandre Groppalli a inclui dentre os elementos constitutivos do Estado: "Se o território e povo representam os elementos materiais do Estado e o poder de império representa o seu elemento formal, a finalidade constitui o seu elemento espiritual, fazendo-o viver no tempo em um contínuo trabalho para atingir metas cada vez mais altas" (cf. *Doutrina do Estado*, p. 141).

(5) Cf. nosso *Curso de Direito Constitucional*, p. 201.

elaborado pelo ser humano para atendimento de suas carências e necessidades se converte em objeto cultural[(6)], é claro, a não mais poder, que a Constituição é objeto cultural.

E sendo objeto cultural, decorre daí, *tout court*, a sua atávica condição de instrumento de satisfação de necessidades.

Sucede que múltiplas são as necessidades humanas; escassos, porém, os meios e bens aptos a satisfazer as indigitadas carências.

Desta contraposição entre a multiplicidade de carências e escassez de instrumentos aptos a satisfazê-las surge, de modo inevitável, o conflito.

A continuidade de conflito entre duas pessoas, entre coletividades, entre pessoa natural e jurídica — pública ou privada —, enfim, o prosseguimento infindável do conflito, seja ele qual for, instila desconforto e atenta contra o princípio da segurança que naturalmente se acopla à condição humana.

Surge, então, a absoluta conveniência de *institucionalizar o conflito*, notadamente para se impedir que a sua continuidade indefinida no tempo promova a insídia do uso arbitrário das próprias razões pelos indivíduos.

O que é isso?

Significa apenas conduzir o conflito ocorrente no domínio das relações sociais à solução por um órgão do Estado.

Nessa linha de compreensão, é preciso que o conflito, uma vez institucionalizado, venha a ser solucionado mediante regras conferidoras de segurança àquelas partes que abdicaram da solução violenta em prol do aguardo de decisão imparcial por órgão do Estado.

E aqui resplandece a importância do direito processual, visto que outorga às partes, no processo, a garantia quanto a tratamento que não se desviará do postulado isonômico, além de oferecer decisão que definitivamente, de acordo com as normas do sistema do direito positivo, porá fim ao conflito.

Mas decisão é, sobretudo, um ato de poder.

Sendo assim, o regramento quanto à prolação da sentença e de todos os atos anteriores que a ela conduzem deve ser absolutamente balizado pelo parâmetro constitucional.

Não se quer com isso dizer que a Constituição deva descer a minúcias a ponto de regular pormenorizadamente a prática de atos processuais pelas

(6) A idéia de *objeto cultural* deve ser creditada ao gênio de Edmund Husserl, criador da fenomenologia e que admitiu a inclusão de todos os objetos conhecidos em quatro regiões ônticas (regiões do conhecimento): *objetos naturais*, *matafísicos*, *ideais* e *culturais*. O direito se encontra no grupo dos objetos culturais porquanto é criado pelo ser humano para atender às necessidades humanas.

partes e pelo juiz; não é o que se pretende fazer, desde certo estar tal tarefa vinculada ao direito processual.

Desejamos deixar patente que tudo o que se realiza no processo deve ser inspirado nos princípios e valores incorporados ao sistema constitucional.

Eis, portanto, a importância conferida pela Constituição ao Direito Processual: como instrumento de solução de conflitos institucionalizados, o processo passa a receber influxo do sistema constitucional, certo que inúmeros direitos objeto de salvaguarda na Constituição dependem em grande parte da forma como se desenvolve a atividade processual.

E é exatamente por essa razão que se admite a existência de um *direito processual constitucional* e de um *direito constitucional processual.*

Enquanto o direito processual constitucional se ocupa do estudo do conjunto de princípios reguladores da jurisdição constitucional, o Direito Constitucional processual se põe a examinar o plexo das normas de direito processual que se encontra na Constituição Federal.[7]

Aqui, neste trabalho, o propósito tanto estará vinculado ao exame dos reflexos, no processo do trabalho, das normas processuais gerais introduzidas na Constituição de 1988, empreendendo-se, desse modo, estudo de direito constitucional processual, como, de contraparte, pretende-se também analisar os desdobramentos no instrumento processual trabalhista da aplicação dos princípios atinentes à jurisdição constitucional, consumando-se, nesse passo, estudo de direito processual constitucional.

Deveras, é necessário atentar que os princípios e normas constitucionais não ocasionam reflexo tão-só no altiplano do direito processual civil e penal, mas em todos os domínios processuais, notadamente no campo do processo do trabalho, cuja tarefa de concretização judicial dos direitos dos trabalhadores mais reforça a premência quanto ao estudo do processo do trabalho inserido na perspectiva constitucional, máxime quando os valores plasmados no sistema da Constituição de 1988 apontam claramente para a consolidação do Estado Democrático de Direito, ou seja, Estado de Direito, mas sobretudo de justiça social.

Sem dúvida, examinados os diversos dispositivos constitucionais afetos à atividade processual, se descobrirá, num relance, que os princípios de processo remetidos à seara constitucional, em virtude mesmo da compostura das normas

(7) Cf. Nelson Nery Jr., *Princípios de Processo Civil na Constituição Federal*, p. 15. É conveniente assinalar que, mesmo no caso das normas processuais introduzidas na Constituição e objeto de estudo do direito constitucional processual, terminam todas, de modo indistinto, por receber o influxo da hermenêutica constitucional, não podendo evidentemente ser analisadas com base em parâmetro interpretativo forjado nos domínios da doutrina processual. Passam a receber, assim, o sentido que lhes empresta o sistema constitucional.

constitucionais — referentes, fundamentantes e derivantes de todas as demais espécies normativas existentes —, produzem contígua alteração de toda a legislação processual ordinária com elas contrastante. Seja inerente ao processo civil, penal, trabalhista ou administrativo. Em todas as situações deverá haver reverência incondicionada aos ditames constitucionais de compostura processual.

De mais a mais, o manancial teleológico a se extrair das normas constitucionais expande o seu raio de ação para colher também — e obviamente — as normas de cunho processual, aflorando, assim, a importância da análise das repercussões constitucionais sobre o processo.

1.2. A Constituição e o direito processual do trabalho. Razão de tratamento específico do tema

Afirmamos no subitem anterior que o direito processual do trabalho possui o notável encargo de promover a concretização, no plano judicial, dos direitos sociais dos trabalhadores.

Os direitos sociais trabalhistas são, por outro lado, dada a sua própria natureza, *direitos fundamentais*.

Quer se atenha à mera e simples localização topográfica dos direitos sociais dos trabalhadores, quando, na hipótese, o constituinte originário resolveu incluí-los no Título II (arts. 7º/11, da Constituição), que versa precisamente sobre os "Direitos e Garantias Fundamentais", quer se entenda que direito social é naturalmente marcado por *fundamentalidade material* à vista, inclusive, do percurso histórico que circunda a proteção aos direitos de segunda geração, o fato é que se trata de conclusão inarredável que os direitos dos trabalhadores são direitos fundamentais.

Sendo correta a conclusão, impõe-se considerar a relevância do exame do processo trabalhista a partir e com fundamento nas normas constitucionais, máxime porque a instância judicial passou a se converter no foro adequado para discussão de temas de relevo para a coletividade, notadamente quando a Constituição de 1988, afastando-se da vinculação absoluta ao princípio da democracia representativa, tratou de sedimentar a *democracia participativa*.

Com efeito, os instrumentos de democracia semidireta referidos no art. 14, I/III, da Constituição — plebiscito, referendo e iniciativa legislativa popular — não são o único desdobramento da nova espécie de democracia burilada pelo legislador constituinte originário, pois a tendência — a esta altura insuprimível — quanto à concretização dos interesses transindividuais revela que a condução ao Poder Judiciário das denominadas *lesões massivas*, ou seja, as transgressões a interesses difusos, coletivos e individuais homogêneos, traduz a materialização da democracia participativa no altiplano da função judicial.

E é evidente que o processo do trabalho, até para corresponder à sua histórica tradição de tutela coletiva, não pode ficar à margem desta tendência de condução aos órgãos jurisdicionais de interesses metaindividuais dos trabalhadores.

Sendo assim, tratando-se os direitos sociais trabalhistas de direitos fundamentais e os interesses transindividuais dos trabalhadores de direitos humanos(8) e também de direitos fundamentais, eis que densificados no texto da Constituição de 1988, nada mais lógico do que se promover a aproximação entre o instrumento processual destinado à concretização de tais direitos no plano judicial e as normas constitucionais.

A outra razão que nos moveu à análise dos dispositivos e princípios constitucionais de natureza processual e o processo do trabalho foi, sem dúvida, a tentativa de despertar, ainda que a nosso modesto modo, o sistema da ciência do direito processual do trabalho para a inexplicável lacuna que persiste e que deve ser colmatada.

---

(8) Cf. nosso *Proteção Constitucional dos Interesses Trabalhistas – Difusos, Coletivos e Individuais Homogêneos*, pp. 45 e segs.

Capítulo 2

O PRINCÍPIO DO DEVIDO PROCESSO LEGAL E O PROCESSO DO TRABALHO

2.1. Introdução

Será falaciosa qualquer incursão nos domínios do direito processual constitucional sem análise do princípio do devido legal.

Não será diferente com relação ao direito processual do trabalho.

Com evidência, quando o art. 5º, LIV, da Constituição salienta que "ninguém será privado da liberdade ou de seus bens sem o devido processo legal", torna claro que o postulado é de incondicionada aplicabilidade em todo campo processual: penal, civil, trabalhista e no âmbito mesmo do processo administrativo.

Neste Capítulo trataremos de enunciar breve histórico sobre a cláusula do devido processo legal, indicando também sua amplitude e efeitos concretos.

2.2. Devido Processo Legal e Regime Democrático

A mera enunciação, em sede constitucional, do princípio do *due process of law* seria bastante, por si, para determinar a proteção processual às partes no processo penal, civil ou trabalhista.

Não obstante, como forma de remarcar a necessidade de respeitarem-se as garantias processuais advindas do *due process*, o legislador constituinte originário entendeu relevante a indicação minudenciada de postulados que decorrem, mediata ou imediatamente, da cláusula do devido processo legal.

Foi a forma encontrada pela Constituição de 1988 para prestigiar mais ainda a tutela processual ao direito dos sujeitos parciais da lide, protegendo-os quanto ao arbítrio judicial.

É que, nós, brasileiros, somos desconfiados por nossa própria natureza, cabendo salientar que, dos 500 anos desde o nosso "achamento" (a expressão é de *Darcy Ribeiro*(1)), pouco vivenciamos a experiência democrática, senão vejamos: de 1500 a 1891, o que equivale a 391 anos, passamos de colônia a nação independente regida pela forma de governo monárquica; de 1891 a 1937, 46 anos portanto, estivemos sob a regência de Constituições democráticas; de 1937 a 1946, novamente retornamos ao sistema político autoritário, o que corresponde a 9 anos; de 1946 a 1964, período de 18 anos, experimentamos rápido hiato democrático; de 1964 a 1988 novamente veio à tona nossa tendência a regimes totalitários e fechados, consumando-se 24 anos de ditadura militar; de 1988 até o ano de 2007, temos 19 anos de convívio democrático entre as instituições. Somando-se os períodos de experiência democrática, temos, ao todo, 83 anos apenas, ao passo que a nossa história política de regimes fechados e totalitários corresponde a nada mais nada menos que 424 anos!

É óbvio que não se pode descrever a alma de um povo por meio de um critério meramente aritmético ...

Contudo, não deixa de ser preocupante constatar que a civilização brasileira não expressa, por meio de sua história, cultura democrática, e seguramente por isso é que não tem *cultura constitucional.*

Ora, se historicamente tem se ressentido o Brasil de sistemas políticos democráticos, torna-se "natural" a tendência de diminuir o direito de defesa daqueles que eventualmente se vêem acossados por uma acusação ou simplesmente têm de promover defesa em processo judicial, mais ainda na atualidade, cuja onda processual se identifica ao aumento dos poderes do magistrado no processo.

O processo é um microcosmo do que se sucede em domínios mais abrangentes da sociedade: se a sociedade historicamente não é democrática, o processo acompanhará inexoravelmente tal realidade, pois não se trata de uma porção distante e que assiste, fleumática, ao que ocorre no torvelinho das relações sociais.

Tivemos o desejo de promover essa disceptação para enfatizar que o princípio do devido processo legal será tanto mais concretizado e reverenciado quanto mais democrática for a sociedade e quanto mais tiverem as pessoas experimentado o regime democrático.

---

(1) Cf. *O Povo Brasileiro – Formação e Sentido do Brasil*, São Paulo: Cia. das Letras, 1997, p. 39.

De conseguinte, o esforço do elemento formador do Estado brasileiro ao longo da constituinte em 1988 esteve totalmente direcionado à concepção de sociedade democrática e pluralista, que, por sua vez, no plano judicial, somente seria viável a partir do reconhecimento do princípio do devido processo legal e seus consectários, dentre os quais os princípios do *juiz* e do *promotor natural* e *da proibição da prova ilícita*.

2.3. Escorço Histórico do Princípio do Devido Processo Legal

Pode-se dizer, em termos de cronologia histórica, que é relativamente recente a previsão da cláusula do devido processo legal.

Seguramente o primeiro texto constitucional a fazer remissão ao devido processo legal foi a *Magna Charta Libertatum*, de 1215, do Rei João Sem Terra, que por meio de concessões régias atribuídas à nobreza da Inglaterra, consubstanciou a cláusula *law of the land*, sem referência expressa àquela época ao termo "devido processo legal".(2)

Contudo, a expressão "devido processo legal", ou sua congênere em língua inglesa, no caso *due process of law*, somente foi utilizada em 1354, na época do reinado de Eduardo III, na lei denominada *Statute of Westminster of the Liberties*.(3)

Em momento precedente à promulgação da Constituição de Filadélfia, de 1787, diversas ex-colônias inglesas na América do Norte já inseriam nos respectivos textos constitucionais previsões destinadas a proteger os indivíduos do arbítrio judicial por meio da cláusula do *due process of law*, tal como aconteceu com as Constituições de *Maryland*, *Pensylvannia* e de *Massachusetts*, assim como a Constituição do Bom Povo da Virgínia, ao prescrever que "nenhum homem pode ser privado de sua liberdade, exceto pelo devido processo legal ou pelo julgamento de seus pares".(4)

2.4. Amplitude da Cláusula do Devido Processo Legal

Habitualmente se comete o equívoco de achar que o princípio do devido processo legal determina conseqüências de modo estrito dentro do campo processual.

Todavia, não é apenas dentro do processo que a cláusula do *due process of law* se eleva em importância.

---

(2) Cf. Nelson Nery Jr., *Princípios do Processo Civil na Constituição Federal*, p. 26.

(3) *Idem, ibidem*.

(4) *Idem*, p. 27.

É por isso que a doutrina promove a divisão do princípio do devido processo legal em: devido processo legal no sentido *genérico*, que, por sua vez, está bipartido em devido processo legal no sentido *material* ou *substancial* e no sentido *processual* propriamente dito.

Quando se cogita da proteção indistinta à vida, à liberdade e à propriedade, estamos diante da cláusula do devido processo legal em seu sentido genérico. "Tudo o que disser respeito à tutela da vida, liberdade ou propriedade está sob a proteção da *due process clause*".[5]

Já o devido processo legal no sentido *material* ou *substancial* (*substantive due process*) se converte numa mudança operada na cláusula ao longo da história.

Efetivamente, quando o princípio foi eriçado na *Magna Charta*, de 1215, não se pensava em sua aplicação para hipóteses outras fora do contexto do processo — ou para sermos mais específicos —, à margem do âmbito do processo penal.

No entanto, a construção judicial operada em sistema de *commom law* produz resultados notáveis em termos de tutela dos direitos fundamentais das pessoas, tanto que a cláusula do devido processo legal passou a ser utilizada com o fim de proteção dos direitos fundamentais materiais dos indivíduos, abandonando a idéia de *due process* atada exclusivamente às repercussões processuais penais.

Nelson Nery Jr., uma vez mais, esclarece que "o devido processo legal se manifesta em todos os campos do direito, em seu aspecto substancial. No direito administrativo, por exemplo, o princípio da legalidade nada mais é do que manifestação da cláusula *substantive due process*. Os administrativistas identificam o fenômeno *due process*, muito embora sob outra roupagem, ora denominando-o de garantia da legalidade e dos administrados, ora vendo nele o postulado da legalidade. Já se identificou a garantia dos cidadãos contra os abusos do poder governamental, notadamente pelo exercício do poder de polícia, como sendo manifestação do devido processo legal".

> "No direito privado prevalece o princípio da vontade com a conseqüente liberdade de contratar, de realizar negócios e praticar atos jurídicos. (...)".[6]

Quando, por outro lado, se refere à cláusula do devido processo legal no sentido *processual* propriamente dito, a pretensão é a de fazer com que garantias de ordem processual devam ser atribuídas às partes, em processo judicial ou administrativo.

---

(5) *Idem*, p. 28.
(6) *Idem*, pp. 32-33.

Seja no que concerne à distribuição do processo a um juiz imparcial, seja o direito de apresentar provas ao juiz, possibilitando-lhe o interrogatório da parte contrária, produção de prova testemunhal, documental e pericial, seja o direito de a parte obter uma decisão devidamente fundamentada, tudo isso, exemplificativamente, pode ser reconduzido às conseqüências operadas pelo *due process of law* no âmbito do processo judicial.

2.5. Repercussões específicas do devido processo legal no processo do trabalho

Após mencionados aspectos propedêuticos e genéricos em torno à cláusula do devido processo legal, alcançamos o momento de registrar os desdobramentos do princípio no âmbito do processo do trabalho.

2.5.1. Devido processo legal e o Art. 848 da CLT — a ouvida das partes é faculdade conferida ao Juiz do Trabalho?

Em primeiro lugar, ressaltamos o disposto no art. 848, da CLT, que tem sido alvo de constantes equívocos: "Terminada a defesa, seguir-se-á a instrução do processo, podendo o presidente, *ex officio*, ou a requerimento de qualquer juiz temporário, interrogar os litigantes".

Logo, a interpretação exegética do enunciado revela que o interrogatório das partes poderá ser consumado, de ofício, pela autoridade jurisdicional, tornando-se completamente prejudicada a remissão aos juízes temporários (ou classistas), visto que a composição paritária foi extinta com a promulgação da EC n. 24, de 9/12/1999.

O problema é o seguinte: entende-se que o texto consolidado conferiu faculdade ao juiz do trabalho para promover a ouvida das partes em litígio.

Esse modo de compreender o art. 848, da CLT redunda em inominável ofensa ao princípio do devido processo legal.

Convictamente, não se poderá admitir que ao magistrado trabalhista se reserve a faculdade de ouvir os litigantes, máxime quando, na petição inicial e na contestação, formularam reclamante e reclamado pedido de produção de prova, aí incluindo-se o depoimento pessoal da parte contrária.

O que parece influenciar as decisões da Justiça do Trabalho para sufragar tal entendimento só pode ser a confusão existente entre *interrogatório* e *depoimento pessoal*.

O interrogatório é procedimento realizado de ofício pelo magistrado que dirige a relação jurídica processual, tanto que o art. 342, do Código de Processo

Civil assinala que "o juiz pode, de ofício, em qualquer estado do processo, determinar o comparecimento pessoal das partes, a fim de *interrogá-las* sobre os fatos da causa" (grifamos).

E, por fim, afastando qualquer dúvida remanescente, registra o art. 343, do CPC: "*Quando o juiz não o determinar de ofício, compete a cada parte requerer o depoimento pessoal da outra*, a fim de interrogá-la na audiência de instrução e julgamento".

Do cotejo entre os dispositivos processuais comuns, segue-se que não há coincidência entre o interrogatório e o depoimento pessoal, cumprindo enfatizar que, uma vez requerido pela parte o depoimento pessoal do outro sujeito parcial da lide, o indeferimento do juiz levará indiscutivelmente à transgressão do *due process of law* no âmbito do processo do trabalho.

A jurisprudência trabalhista segue a linha de raciocínio aqui referida: "NULIDADE PROCESSUAL POR CERCEAMENTO DE DEFESA. DEPOIMENTO DO PREPOSTO REQUERIDO PELA OUTRA PARTE. DISPENSA DO INTERROGATÓRIO PELO JUIZ. CONFIGURAÇÃO. O depoimento pessoal, quando requerido pela outra parte, deixa de ser faculdade do juiz e passa a ser meio de prova legal, tendo em vista se destinar a obter a confissão. Assim, seu indeferimento pelo magistrado acarreta cerceamento de defesa e nulidade do processo, desde que sua argüição seja realizada em tempo oportuno" (TRT 20ª R. – RO 00157-2002-004-20-85-4 – (1188/03) – Proc. 10157-2002-004-20-00-0 – Rel. Juiz Carlos de Menezes Faro Filho – J. 04.06.2003).

E mais: "NULIDADE. Conquanto o interrogatório das partes seja prerrogativa do juízo, também é meio de prova e, como tal, a sua dispensa implica nulidade do processo, se causa prejuízo à parte" (TRT 5ª R. – RO 01.09.00.2255-50 – (15.090/02) – 4ª T. – Rel. Juiz Gustavo Lanat – J. 23.07.2002).

2.5.2. Devido Processo Legal e Prova Emprestada no Processo do Trabalho

Os problemas que envolvem a utilização de prova emprestada já são ocorrentes no âmbito do processo civil e se sucedem também no campo do processo do trabalho.

Reduz-se à seguinte indagação: Pode prova produzida em distinto processo ser utilizada em outro?

Nelson Nery Jr. aduz que "o problema está no reconhecimento da eficácia da prova emprestada no processo que se encontra em curso, já que existe corrente restritiva, entendendo que o empréstimo da prova produzida em outro processo atenta contra o princípio da imediação e que, portanto, a prova deve ser produzida pelo juiz da causa, razão por que não se poderia dar valor e eficácia à prova emprestada".[7]

De conseguinte, tem-se que a prova produzida em determinado processo foi submetida à apreciação de ambas as partes, o que talvez não venha a ocorrer no processo em que se deseja emprestá-la.

Logo, há somente uma possibilidade de admitir-se a prova emprestada no processo do trabalho: *que tenha sido produzida pelas mesmas partes que compõem o elemento subjetivo do processo para o qual será emprestada.*

E nos parece óbvia a conclusão.

Se o princípio do contraditório integra, juntamente com o da ampla defesa, o devido processo legal no sentido processual propriamente dito, seria *vero* despropósito trilhar pelo caminho da admissibilidade da prova emprestada, ainda que a parte contra a qual será produzida e em virtude da qual poderá ter agravada a sua situação jurídica sequer tenha sido informada acerca da existência da relação processual onde tal prova tenha sido produzida.

O mesmo se diga com relação às provas produzidas em sede de inquérito civil público ou procedimento investigatório no âmbito do Ministério Público do Trabalho.

Somente admitir-se-á a produção em juízo de provas colhidas na esfera administrativa do *Parquet* se for com relação às mesmas pessoas que figuraram no ICP ou no procedimento prévio.

Por último, saliente-se que é copiosa a jurisprudência trabalhista convergente para a admissibilidade da prova emprestada no processo do trabalho.[8]

---

(7) Cf. *Princípios do Processo Civil na Constituição Federal*, p. 139.

(8) PROVA EMPRESTADA. Admissão no processo do trabalho. Conforme doutrina de *Teixeira Filho*, "em nenhum processo judiciário, como no do trabalho, deve a prova emprestada incidir com tanta intensidade — exatamente em decorrência da economia processual que pode acarretar". Nestes autos, o laudo pericial produzido em outro processo, mas referente a uma situação exatamente idêntica à deste reclamante, deve embasar a conclusão a respeito das condições insalubres de trabalho. Por isso, é de se acatar o que consta no referido documento, que constatou a existência de insalubridade em grau médio no trabalho desenvolvido nas oficinas da empresa" (TRT 8ª R. – RO 1628/2003 – 1ª T. – Relª Juíza Lygia Simão Luiz Oliveira – J. 15.04.2003).

"ADICIONAL DE INSALUBRIDADE. PROVA EMPRESTADA. A utilização de prova emprestada não é vedada expressamente por qualquer dispositivo legal. A celeridade e a economia processuais, princípios regentes do Processo do Trabalho, justificam a utilização desse tipo de prova. A prova emprestada não se contrapõe à exigência legal de realização da perícia para a apuração da insalubridade. A matéria envolve a aplicação dos princípios gerais da prova, orientados no sentido do objetivo precípuo da prova, que é a apuração da verdade dos fatos fundamentais da ação e da defesa, o que permite a utilização da prova emprestada, inclusive a pericial. Entretanto, se não há no acórdão elementos que indiquem que os laudos emprestados se refiram ao mesmo contexto material de tempo, modo e lugar, não há como se declarar devido o adicional de insalubridade, sem que tenha sido apreciada a identidade entre as condições examinadas pelos laudos emprestados e as condições de trabalho do Reclamante. Revista não conhecida" (TST – RR. 458922 – 5ª T. – Rel. Min. Rider Nogueira de Brito – DJU 08.03.2002).

"PROVA ORAL. PROVA EMPRESTADA. POSSIBILIDADE. Em face da celeridade e economia processuais, princípios norteadores do processo do trabalho, a prova emprestada tem sido cada vez mais aceita e adotada na apuração da verdade dos fatos alegados na inicial e em defesa. O procedimento, útil e prático, não é mesmo vedado por qualquer preceito de lei. Ao revés, encaixa-se perfeitamente dentro da função precípua da atividade probatória, que é formar o convencimento do julgador acerca dos fatos que se proclamam como instrumentos da verdade jurídica do processo. Todavia, é imprescindível que a prova tomada emprestada de outra ação seja anexada aos autos, a fim de se viabilizar a revisão do primeiro julgamento por esta instância, assegurando aos litigantes o direito ao dgj" (TRT 3ª R. – RO 4052/02 – 6ª T. – Rel. Juiz Maurílio Brasil – DJMG 07.06.2002) (ST 158/84).

"PROVA ORAL. PROVA EMPRESTADA. POSSIBILIDADE. Em face da celeridade e economia processuais, princípios norteadores do Processo do Trabalho, a prova emprestada tem sido cada vez mais aceita e adotada na apuração da verdade dos fatos alegados na inicial e em defesa. O procedimento, útil e prático, não mesmo vedado por qualquer preceito de lei. Ao revés, encaixa-se perfeitamente dentro da função precípua da atividade probatória, que formar o convencimento do julgador acerca dos fatos que se proclamam como instrumentos da verdade jurídica do processo. Todavia, imprescindível que a prova tomada emprestada de outra ação seja anexada aos autos, a fim de se viabilizar a revisão do primeiro julgamento por esta instância, assegurando aos litigantes o direito ao duplo grau de jurisdição" (TRT 3ª R. – RO 4052/02 – 6ª T. – Rel. Juiz Maurílio Brasil – DJMG 07.06.2002 – p. 20).

"PROVA EMPRESTADA. POSSIBILIDADE DE UTILIZAÇÃO. Por mais elástico que seja o entendimento razoável que se dê ao direito de ampla defesa, a utilização de prova emprestada não representa violação ao referido direito, eis que a Carta da República apenas não admite a prova obtida por meio ilícito, na esteira do artigo 5º, inciso LVI, sendo que aos procuradores é permitido consultar os autos e pedir certidões de seus atos, como se infere do parágrafo único do artigo 155 do CPC, que, no processo do trabalho, deve ter o rigor atenuado, eis que a prova emprestada se configura com a simples juntada do laudo pericial" (TRT 8ª R. – RO 4221/2002 – 4ª T. – Relª Juíza Francisca Oliveira Formigosa – J. 26.11.2002).

"PROVA EMPRESTADA. CABIMENTO NO PROCESSO DO TRABALHO. Clássico meio probatório não previsto legalmente e de uso freqüente é a prova emprestada. Prova emprestada traduz o aproveitamento da matéria já provada em determinado processo, com economia de tempo e de trabalho. Encontra respaldo nos princípios de economia e de celeridade processual. "Os aludidos princípios por demais se afinam com a processualística laboral, onde a satisfação do crédito obreiro, de natureza alimentar, é premente" (TRT 19ª R. – RO 02356.1999.003.19.00.7 – Rel. Juiz Antônio Catão – J. 19.09.2002).

"ADICIONAL DE PERICULOSIDADE. PROVA TÉCNICA ESPECÍFICA VS PROVA EMPRESTADA. NÃO SE PODE NEGAR A IMPRESCINDIBILIDADE DA REALIZAÇÃO DE PROVA PERICIAL PARA APURAÇÃO DE PERICULOSIDADE. De acordo com o art. 195 consolidado, o Juiz deve determiná-la de ofício, mesmo que não haja requerimento da parte interessada. Nesse sentido, revela-se imperiosa a realização de perícia específica para a verificação de periculosidade, sendo inadmissível, em regra, a utilização de prova emprestada, tendo em vista a diversidade dos contextos material e temporal. Entretanto, a lei (artigo 195 da CLT), a doutrina e a jurisprudência vêm admitindo, no Processo do Trabalho, a prova pericial emprestada, desde que resulte caracterizada a identidade dos fatos. Ora, no caso em apreço, como já evidenciado, há absoluta identidade entre os referidos contextos. Some-se a isso o fato de que, *in casu*, a partir de um exame mais cuidadoso do laudo pericial, prova especificamente determinada em juízo para a apuração do labor em condições perigosas, a Corte revisora, extraiu dos fatos e circunstâncias nele narrados omissões e contradições inconcebíveis e inconciliáveis, razão por que asseverou improsperável a sua conclusão no sentido de ser indevido o adicional em debate. Recurso de Revista empresário parcialmente conhecido, mas desprovido" (TST – RR 425576 – 2ª T. – Relª Minª Conv. Anelia Li Chum – DJU 14.12.2001).

"PROCESSO DO TRABALHO E PROCESSO CIVIL. PROVA. PROVA EMPRESTADA. LAUDO DE PERÍCIA MÉDICA DE INSALUBRIDADE. NECESSIDADE DE AUTENTICAÇÃO. ART. 830 DA CLT. A regra processual insculpida no art. 830 da CLT não pode ser aplicada na sua literalidade, tendo em vista que há determinadas circunstâncias processuais em que a exigência da autenticação torna-se um óbice intransponível para a prova das alegações das partes. O laudo pericial de insalubridade, cujo exame foi realizado quando a empresa ainda funcionava no local, copiado, em que a assinatura e a veracidade do contexto não foram impugnadas pode ser levado em conta pelo julgador, ainda que sem autenticação" (TST – RR 405802 – 5ª T. – Rel. Min. Conv. Aloysio Santos – DJU 16.03.2001 – p. 874).

Capítulo 3

OS PRINCÍPIOS DO JUIZ E PROMOTOR NATURAL E O PROCESSO DO TRABALHO

3.1. Explicação do Capítulo

Nesse Capítulo serão expostos os princípios do juiz e do promotor natural, iniciando-se com o juiz natural, seus aspectos propedêuticos e aplicação no processo do trabalho, procedendo-se a idêntico exame com relação ao postulado do promotor natural.

3.2. O Princípio do Juiz Natural. Aspectos Propedêuticos

O princípio do juiz natural tanto pode ser extraído do inciso XXXVII do art. 5º ("não haverá juízo ou tribunal de exceção") como do inciso LIII ("ninguém será processado nem *sentenciado* senão pela autoridade competente").

Não se trata de novidade na história constitucional brasileira, tanto que o art. 153, § 15, da CF n. 1.969, o art. 150, § 15, da CF n. 1.967 e o art. 141, § 26, da CF n. 1.946, tratam, indistintamente, da proibição de tribunais de exceção, o que é o mesmo princípio do juiz natural com outras palavras.

Sintetiza *Nelson Nery Júnior*: "O que se pretende coibir com a regra do inciso n. XXXVII, do art. 5º, da CF é a criação de órgãos judicantes para o julgamento de questões (civis e criminais) *ex post facto* ou *ad personam*, salvo as exceções estatuídas na própria Constituição".(1)

---

(1) Cf. *Princípios do Processo Civil na Constituição Federal*, p. 61.

Portanto, atribuir competência a um dado tribunal para julgamento de determinado crime[2], por mais comoção que tenha causado na opinião pública[3], é inegável ofensa ao princípio do juiz natural.

Constitui transgressão ao juiz natural a fixação da competência em razão da pessoa, ressalvadas as hipóteses constitucionalmente postas, como no caso do julgamento do Presidente da República pelo Senado, nos crimes de responsabilidade.

3.3. O Princípio do Juiz Natural e o Processo do Trabalho

Como corolário do princípio do devido processo legal, é evidente que o postulado do juiz natural se aplica ao processo do trabalho.

Assim, o primeiro exame que empreenderemos concerne à competência para julgamento de ação declaratória de nulidade de cláusula normativa e o juiz natural.

Tornando-se já indiscutível que o princípio do juiz natural significa a existência de autoridade jurisdicional *prévia* e *legalmente* fixada para apreciação da lide, temos que o postulado em questão seguramente vem sendo desrespeitado quando da propositura de ação declaratória de nulidade de cláusula normativa perante o tribunal regional do trabalho.

O que é ação declaratória de nulidade de cláusula normativa?

É a medida judicial invariavelmente intentada pelo Ministério Público do Trabalho e que visa a declaração de nulidade de cláusula de acordo ou convenção coletiva.[4]

Por que entendemos que a propositura da ação perante o TRT é ofensa ao postulado do juiz natural?

De início, reconhecemos que não há como se distanciar do entendimento de que competente para o julgamento de ação declaratória de nulidade de

(2) "Qualquer tentativa de submeter réus civis a procedimentos penais-persecutórios instaurados perante órgãos da Justiça Militar estadual representa, no contexto de nosso sistema jurídico, clara violação ao princípio constitucional do juiz natural" (STF, RTJ 158/513).

(3) A Suprema Corte norte-americana, por 5 votos a 3, em decisão prolatada pelo Juiz John Paul Stevens, em junho de 2006, ao acolher pleito de Salim Ahmed Hamdan, ex-motorista de Osama bin Laden, concluiu que tribunais de exceção foram responsáveis pelos julgamentos dos prisioneiros da base militar norte-americana em Guantánamo.

(4) Não estamos referindo a *ação anulatória*, porque o pedido de anulação desencadeará efeitos *ex nunc*, o que poderá ser completamente inútil se, entre a propositura da medida e a decisão de mérito prolatada decorrer período superior à vigência da norma que se pretendeu anular. O pedido será julgado prejudicado. Por isso que defendemos a necessidade de ser proposta *ação declaratória de nulidade da cláusula*, visto que a declaração de nulidade operará efeitos *ex tunc*, podendo haver condenação daqueles que foram responsáveis pela celebração da norma coletiva, com, inclusive, por exemplo, restituição de valores pagos pelos trabalhadores a título de desconto assistencial.

cláusula normativa é a Vara do Trabalho com jurisdição sobre o local onde estão sediadas as pessoas jurídicas demandadas.

Convictamente, na hipótese de consumada a celebração de acordo ou convenção coletiva não homologados nos autos de dissídio coletivo instaurado perante o Tribunal Superior do Trabalho ou o Tribunal Regional do Trabalho, induvidosa é a competência da Vara do Trabalho.

Em tema de atribuição de competência funcional, não se pode fugir à regra quanto à sua determinação dever estar fixada expressamente em texto do sistema do direito positivo, eis que competência de compostura *absoluta*. Logo, contingente deslocamento da atribuição de julgar para o Tribunal Regional do Trabalho pressuporia, de forma indeclinável, no mínimo, que tal competência fosse prevista no respectivo regimento interno, o que não se sucede relativamente aos tribunais do trabalho, fazendo com que incida, no particular, simplesmente, o comando do art. 100, IV, *a*, do Código de Processo Civil, que estabelece a competência territorial do juízo do lugar onde está a sede, para a ação em que for ré a pessoa jurídica.

E se é verdade que a ação será proposta contra sindicatos profissional e econômico, no caso de pleito de nulidade de cláusula de convenção coletiva, e, por outro lado, contra grêmio profissional e empresa (s), na hipótese de acordo coletivo, não haverá dificuldade para delimitação do juízo territorialmente com competência para o julgamento da causa, visto que o § 4º do art. 94, do Código de Processo Civil, de irrefutável aplicação subsidiária no processo do trabalho (art. 769, da CLT), salienta que "havendo dois ou mais réus, com diferentes domicílios, serão demandados no foro de qualquer deles, à escolha do autor".

Do que se expôs, resulta induvidoso que remeter julgamento de ação declaratória de nulidade de cláusula normativa para o TRT ou TST, sem que haja explícita previsão nos respectivos regimentos internos, na legislação trabalhista ou no Código de Processo Civil, ofende ofuscantemente o princípio do juiz natural.

Assim se pronuncia o Tribunal Regional do Trabalho da 14ª Região: "COMPETÊNCIA. AÇÃO ANULATÓRIA. EXECUÇÃO. COMPETÊNCIA DO JUÍZO DE PRIMEIRO GRAU. Inexistindo lei, ou ausente no regimento interno do tribunal disciplinamento de sua competência para julgar ação anulatória, ou outra ação cível admissível no processo do trabalho, competente será o juízo de 1º grau, por ser deste a competência residual e, conseqüentemente, o juiz natural da causa, notadamente, em se tratando de ação que tem por objeto a anulação de execução" (TRT 14ª R. – AOA 0001/02 – (0747/02) – Rel. Juiz Pedro Pereira de Oliveira – DJRO 22.07.2002).

Há pronunciamento do Tribunal Superior do Trabalho no mesmo sentido: "AÇÃO ANULATÓRIA. COMPETÊNCIA ORIGINÁRIA. JUÍZO DE PRIMEIRO

GRAU. 1. Ação anulatória, fundada no art. 486 do CPC e ajuizada perante Tribunal Regional, contra despacho de Juiz Presidente de JCJ determinando a expedição de mandado de citação em execução trabalhista. 2. A competência funcional dos Tribunais Regionais do Trabalho constitui matéria de lei e o art. 678 da CLT, ao dispor sobre o assunto, não inscreve entre as causas de sua competência originária a ação anulatória. Inequivocamente, a causa inscreve-se na competência do Juiz de primeiro grau, motivo pelo qual se impõe declarar extinto o processo, sem apreciação do mérito. 3. Recursos de ofício e ordinário a que se nega provimento, por fundamento diverso" (TST – RXOFROAA 565184 – SBDI 2 – Rel. Min. João Oreste Dalazen – DJU 16.02.2001 – p. 585).

Todavia, conquanto não concordemos com a tese de competência funcional dos Tribunais Regionais e do Tribunal Superior do Trabalho para julgamento da ação declaratória de nulidade de cláusula normativa, é preciso registrar que a jurisprudência amplamente majoritária do Tribunal Superior do Trabalho é na linha da competência funcional do TRT ou do TST, conforme o caso.(5)

---

(5) "RECURSO ORDINÁRIO EM AÇÃO ANULATÓRIA. RECURSO DO MINISTÉRIO PÚBLICO. COMPETÊNCIA FUNCIONAL DO TRIBUNAL REGIONAL PARA JULGAR AÇÃO ANULATÓRIA. Em decorrência de a ação anulatória ter por objetivo a nulidade de cláusula inserida em instrumento normativo, atingindo toda uma determinada categoria, induvidoso o seu enquadramento no âmbito do poder normativo dos Tribunais. Isto porque, em sendo atribuição originária dos Tribunais Regionais do Trabalho conciliar e julgar os dissídios coletivos, conforme estabelecido no art. 678, I, da Consolidação das Leis do Trabalho, tem-se que a competência, *in casu*, é dos Tribunais Regionais e não das Varas do Trabalho, que têm sua competência restrita a ações cujo objeto se traduza em condição estabelecida em contrato individual (art. 650 da CLT), diversamente da hipótese dos autos. Recurso provido. (...)" (TST - ROAA 732736 - SDC - Rel. Min. Wagner Pimenta - DJU 04.10.2002).

"RECURSO DE REVISTA. MINISTÉRIO PÚBLICO DO TRABALHO. AÇÃO ANULATÓRIA DE CLÁUSULA DE CONVENÇÃO COLETIVA. COMPETÊNCIA FUNCIONAL ORIGINÁRIA DO TRIBUNAL REGIONAL DO TRABALHO. Já está pacificado no âmbito desta Corte Superior, ante os precedentes jurisprudenciais da colenda Seção de Dissídios Coletivos (SDC) que, em se tratando de Ação Declaratória de Nulidade de Cláusula de Convenção Coletiva de Trabalho ou de Acordo Coletivo de Trabalho, proposta pelo Ministério Público do Trabalho com fundamento no art. 83, inciso IV, da Lei Complementar n. 75, de 1993, a competência originária, hierárquica ou funcional cabe ao Tribunal Regional do Trabalho, por seu Pleno ou Órgão Especial, e não à Vara do Trabalho, o que se justifica em face da natureza coletiva dos interesses tutelados na referida Ação, os quais pertencem à categoria profissional, abstratamente considerada, à semelhança do que ocorre na ação de dissídio coletivo. Recurso de Revista conhecido e provido" (TST – RR 454576 – 5ª T. – Rel. Min. Conv. Walmir Oliveira da Costa – DJU 13.09.2002).

"AÇÃO ANULATÓRIA. CLÁUSULA INSTITUIDORA DE DESCONTOS A TÍTULO DE CONTRIBUIÇÃO CONFEDERATIVA. PRETENSÃO DE NATUREZA COLETIVA. DEVOLUÇÃO DOS DESCONTOS EFETUADOS. PRETENSÃO DE NATUREZA INDIVIDUAL. CUMULAÇÃO. IMPOSSIBILIDADE. No âmbito do Processo do Trabalho, os critérios de fixação da competência funcional diferem entre o dissídio individual e o coletivo. Realmente, os primeiros serão sempre apreciados no âmbito das Varas do Trabalho, na forma prevista nos arts. 650 a 652 da CLT. Já no tocante aos dissídios coletivos, entretanto, é a extensão territorial do conflito que serve de base para a fixação da competência. Nesse contexto, se o conflito exaure-se no território jurisdicionado por um só TRT, será deste a competência para dirimi-lo. Se, ao contrário, o conflito extrapolar aquela base territorial, a competência transfere-se para o Tribunal Superior do Trabalho (CLT, art. 702, *b*). Nesse contexto, não há como se pretender, em sede de ação anulatória de cláusula de acordo coletivo, de competência dos Tribunais Regionais do Trabalho, a apreciação de pedido de devolução de descontos efetuados com base na cláusula, cuja nulidade se postula, por se tratar de pretensão de natureza individual, que se insere no âmbito da competência das Varas do Trabalho. Recurso ordinário não provido. (TST – ROAA 760203 – SDC – Rel. Min. Milton de Moura França – DJU 28.09.2001 – p. 531) (Ementas no mesmo sentido) JCLT.702 JCLT.702.B JCLT.650 JCLT.652

3.4. O Princípio do Promotor Natural. Aspectos Propedêuticos

Embora não tenha sido objeto de explícita remissão no § 1º do art. 127, é mais do que conveniente o exame do princípio do promotor natural (também conhecido como postulado do "promotor legal") por sua afinidade com os princípios institucionais do Ministério Público.

"CONTRIBUIÇÃO ASSISTENCIAL PATRONAL. INOBSERVÂNCIA DE PRECEITOS CONSTITUCIONAIS. Afronta o art. 5º, XX, e o art. 8º, V, da Constituição Federal a existência de cláusula constante de convenção coletiva que estabelece contribuição assistencial a favor de entidade sindical, obrigando empresas não sindicalizadas ao seu pagamento. Por ofensiva à norma constitucional, a cláusula é nula e, como tal, insusceptível de gerar válida obrigação, sob pena de devolução dos valores indevidamente descontados. Inteligência do Precedente Normativo n. 119 do TST. AÇÃO ANULATÓRIA. DEVOLUÇÃO DOS DESCONTOS EFETUADOS. PRETENSÃO DE NATUREZA INDIVIDUAL. CUMULAÇÃO DE PEDIDOS. IMPOSSIBILIDADE. No âmbito do Processo do Trabalho, os critérios de fixação da competência funcional diferem entre o dissídio individual e o coletivo. Os primeiros são apreciados no âmbito das Varas do Trabalho, na forma prevista nos arts. 650 a 652 da CLT. Já no tocante aos dissídios coletivos, entretanto, é a extensão territorial do conflito que serve de base para a fixação da competência. Nesse contexto, se o conflito exaure-se no território jurisdicionado por um só TRT, será deste a competência para dirimi-lo. Se, ao contrário, o conflito extrapolar aquela base territorial, a competência transfere-se para o Tribunal Superior do Trabalho (CLT, art. 702, *b*). Nesse contexto, não há como se pretender, em sede de ação anulatória de cláusula de acordo coletivo, de competência dos Tribunais Regionais do Trabalho, a apreciação de pedido de devolução de descontos efetuados com base na cláusula cuja nulidade se postula, por se tratar de pretensão de natureza individual, que se insere no âmbito da competência das Varas do Trabalho. Recurso ordinário parcialmente provido. (TST – ROAA 740625 – SDC – Rel. Min. Milton de Moura França – DJU 21.09.2001 – p. 387) JCLT.650 JCLT.652 JCLT.702 JCLT.702.B JCF.5 JCF.5.XX JCF.8 JCF.8.V

"AÇÃO ANULATÓRIA. COMPETÊNCIA DOS TRIBUNAIS. Esta Corte já pacificou entendimento no sentido de que a competência para julgar ação anulatória é dos Tribunais, levando-se em consideração que a referida ação trata de controvérsia de natureza coletiva, em que se pretende anular cláusula de acordo ou convenção coletiva atentatória aos direitos indisponíveis dos trabalhadores pertencentes a uma categoria ou a determinada empresa, devendo, pois, seguir a mesma regra da competência funcional existente para o julgamento dos dissídios coletivos e das ações rescisórias de sentenças normativas. TAXA CONFEDERATIVA ASSISTENCIAL. INOBSERVÂNCIA DE PRECEITOS CONSTITUCIONAIS. A Constituição da República, em seus arts. 5º, XX e 8º, V, assegura o direito de livre associação e sindicalização. É ofensiva a essa modalidade de liberdade cláusula constante de acordo, convenção coletiva ou sentença normativa estabelecendo contribuição em favor de entidade sindical a título de taxa para custeio do sistema confederativo, assistencial, revigoramento ou fortalecimento sindical e outras da mesma espécie, obrigando trabalhadores não sindicalizados. Sendo nulas as estipulações que inobservem tal restrição, tornam-se passíveis de devolução os valores irregularmente descontados (Precedente Normativo n. 119/TST)" (TST – ROAA 741015 – SDC – Rel. Min. Rider Nogueira de Brito – DJU 17.08.2001 – p. 700).

"AÇÃO ANULATÓRIA. COMPETÊNCIA DOS TRIBUNAIS. Esta C. Corte já pacificou entendimento no sentido de que a competência para julgar ação anulatória é dos Tribunais, levando-se em consideração que a referida ação trata de controvérsia de natureza coletiva, em que se pretende anular cláusula de acordo ou convenção coletiva atentatória aos direitos indisponíveis dos trabalhadores pertencentes a uma categoria ou a determinada empresa, devendo, pois, seguir a mesma regra da competência funcional existente para o julgamento dos dissídios coletivos e das ações rescisórias de sentenças normativas. Recurso provido para, declarando que compete originariamente aos Tribunais a apreciação de ação anulatória, determinar o retorno dos autos ao Eg. TRT da 1ª Região para que julgue a presente Ação como entender de direito" (TST – ROAA 638148 – SDC – Rel. Min. Rider Nogueira de Brito – DJU 01.12.2000 – p. 525).

"AÇÃO ANULATÓRIA. COMPETÊNCIA DOS TRIBUNAIS REGIONAIS. A competência para julgar ação anulatória é dos Tribunais, pois a referida ação tem por objeto a anulação de cláusula de acordo ou convenção coletiva atentatória aos direitos indisponíveis dos trabalhadores pertencentes a uma categoria ou a determinada empresa, devendo seguir a mesma regra da competência funcional existente

A sua base constitucional é o art. 5º, LIII: "ninguém será processado nem sentenciado senão pela autoridade competente".

Já, aqui, configura inovação do texto constitucional de 1988, destinado a impedir a designação de promotor *ad hoc* pelo respectivo procurador-geral ou mesmo pelo conselho superior, quando não amparado o ato de designação no interesse público.(6)

---

para o julgamento dos dissídios coletivos e das ações rescisórias de sentenças normativas" (TST – ROAA 671250 – SDC – Rel. Min. Rider Nogueira de Brito – DJU 01.12.2000 – p. 544).

"AÇÃO ANULATÓRIA DE ARREMATAÇÃO. INDEFERIMENTO DA PETIÇÃO INICIAL. AGRAVO REGIMENTAL. CABIMENTO. RECURSO ORDINÁRIO. I – Da decisão do relator no regional que, de plano, indefere a petição inicial de ação anulatória de arrematação (CPC, artigo quatrocentos e oitenta e seis), incabível agravo não contemplado em lei e não previsto no regimento interno da corte, revelando-se inadmissível a invocação à analogia. II – A ação anulatória de arrematação é causa que não se inscreve na competência funcional originária de tribunal regional do trabalho e é remédio jurídico excludente de embargos à arrematação entre as mesmas partes, com igual objeto. III – Incorre em erro procedimental o tribunal a quo que, conhecendo e provendo agravo incabível, manda processar ação anulatória de arrematação, ignorando a litispendência com embargos à arrematação em que se discutia a mesma matéria. IV – Recurso ordinário provido para anular o acórdão recorrido e restabelecer a decisão que indeferiu o processamento da ação anulatória" (TST – ROAG 352419/1997 – SBDI 2 – Rel. P/o Ac. Min. João Oreste Dalazen – DJU 26.03.1999 – p. 00067).

(6) "NOTÍCIA CRIME. VAZAMENTO DE INFORMAÇÕES SIGILOSAS. COLUSÃO. AFIRMAÇÕES ARRIMADAS EM CONJETURAS E SUPOSIÇÕES. PRINCÍPIO DO PROMOTOR NATURAL. INEXISTÊNCIA DE AFRONTA. ARQUIVAMENTO REQUERIDO PELO MINISTÉRIO PÚBLICO. A delegação do Procurador-Geral da República feita a Subprocurador-Geral da República, com base no art. 48, II, e parágrafo único, da Lei Complementar n. 75, de 20.05.1993, equivale à atuação do primeiro. Inexistência no caso da figura do acusador de exceção" (STJ – AGRNC 278 – RJ – C.Esp. – Rel. Min. Barros Monteiro – DJU 02.06.2003 – p. 00181).

"PROCESSUAL PENAL. VIOLAÇÃO AO PRINCÍPIO DO PROMOTOR NATURAL. NÃO OCORRÊNCIA. RATIFICAÇÃO DA DENÚNCIA E DEMAIS ATOS PROCESSUAIS. Não ocorre violação ao princípio do promotor natural na hipótese em que o titular da ação penal ratifica a petição inicial e os demais atos praticados, no processo criminal, pelos seus colegas. Precedente. Recurso ordinário desprovido" (STJ – RHC 10519 – SE – 6ª T. – Rel. Min. Vicente Leal – DJU 18.03.2002).

"PROCESSUAL PENAL. *HABEAS CORPUS*. PRINCÍPIO DO PROMOTOR NATURAL. VIOLAÇÃO. NÃO OCORRÊNCIA. TRANCAMENTO DA AÇÃO PENAL. IMPOSSIBILIDADE. 1. O princípio do promotor natural visa, em última *ratio*, impedir a atuação do acusador de exceção, designado com propósitos políticos e pouco recomendáveis, daí porque não se vislumbra possa acarretar nulidade a indicação, pela Procuradoria-Geral de Justiça, de membros do *Parquet* para, por isso mesmo, devidamente atuarem. (...)"(STJ – HC 18388 – GO – 6ª T. – Rel. Min. Fernando Gonçalves – DJU 11.03.2002).

"PROCESSUAL PENAL. JÚRI. ATUAÇÃO DE PROMOTOR DESIGNADO JUNTAMENTE COM O ORIGINÁRIO. NULIDADE. INEXISTÊNCIA. VIOLAÇÃO AO PRINCÍPIO DO PROMOTOR NATURAL. NÃO OCORRÊNCIA. 1. A atuação de um outro promotor de justiça, em auxílio àquele oficiante junto ao Tribunal do Júri é causa de nulidade relativa, somente acolhível se houver prejuízo para a defesa e, ainda assim, se suscitada no momento próprio (art. 571, VIII, do CPP). 2. Na espécie, além de o assunto não ter sido argüido oportunamente, não se pode falar em prejuízo, quando também a defesa foi produzida por dois advogados que, assim como a acusação, utilizaram-se dos tempos regulamentares, em total igualdade de condições. 3. O Princípio do Promotor Natural nem de longe resta violado, o que somente acontece quando há lesão ao exercício pleno e independente das atribuições do *Parquet*, a deixar entrever a figura do acusador de exceção, inexistente em casos deste jaez. 4. Ordem denegada" (STJ – HC 17106 – GO – 6ª T. – Rel. Min. Fernando Gonçalves – DJU 27.08.2001 – p. 00416).

"PROCESSUAL PENAL. *HABEAS CORPUS*. SUPRESSÃO DE INSTÂNCIA. IMPOSSIBILIDADE. ADITAMENTO À DENÚNCIA. NULIDADE. INEXISTÊNCIA. PRINCÍPIO DO PROMOTOR NATURAL. VIOLAÇÃO. NÃO OCORRÊNCIA. 1 – Não se conhece de nulidades suscitadas na impetração, se não foram elas decididas pelo acórdão do Tribunal atacado, em sede de apelação criminal, sob pena de supressão de instância. 2 – Além de a denúncia poder ser aditada a qualquer tempo, antes da sentença,

O postulado do promotor natural está contido no inovador comando segundo o qual ninguém será *processado* a não ser pela autoridade competente.

E conquanto seja correto referir que o princípio do promotor natural encerra inequivocamente, no plano formal, novidade trazida pela Constituição de 1988, é possível extraí-lo de previsões constitucionais antecedentes que pugnavam pela imposição de barreiras aos chamados "juízos ou tribunais de exceção".(7)

Além disso, se a cláusula *due processo of law* é indicativa — dentre outras conseqüências — da obrigatoriedade de fixação de normas processuais tendentes à efetivação de um "julgamento justo", seria surpreendente que o órgão acusador, a iniciar o processo penal, pudesse ser escolhido ao alvedrio do respectivo Procurador-Geral, quer para recrudescer o ímpeto acusatório, quer para torná-lo leniente.

---

inexiste nulidade quando a defesa, expressamente, se manifesta sobre o aditamento. 3 – A argüição de ofensa ao princípio do promotor natural, imanente ao sistema constitucional brasileiro, não se concretiza quando não afastada qualquer lesão ao exercício pleno e independente das atribuições do *Parquet* e ausente possível manipulação casuística ou designação seletiva por parte do Procurador-Geral de Justiça, a deixar entrever a figura do acusador de exceção. 4 – Ordem conhecida parcialmente e, nesta extensão, denegada. (STJ – HC 12616 – MG – 6ª T. – Rel. Min. Fernando Gonçalves – DJU 05.03.2001 – p. 00241).

(7) "Se é defeso instituir juízo de exceção, impedido é conceber-se o acusador de exceção, pois não se compreende que nossa Constituição proíba o juiz de exceção e admita o acusador de exceção, isto é, conceda e, ao mesmo tempo, subtraia uma garantia" (RHC n. 48.728-SP, rel. Min. Luiz Gallotti). Foi, porém, no julgamento do HC n. 67.759-2-RJ, rel. Min. Celso de Mello, que o STF consolidou a jurisprudência acerca do princípio do promotor natural: "O postulado do promotor natural, que se revela imanente ao sistema constitucional brasileiro, repele, a partir da vedação de designações casuísticas efetuadas pela Chefia da Instituição, a figura do acusador de exceção. Esse princípio consagra uma garantia de ordem jurídica, destinada tanto a proteger o membro do Ministério Público, na medida em que lhe assegura o exercício pleno e independente do seu ofício, quanto a tutelar a própria coletividade, a quem se reconhece o direito de ver atuando, em quaisquer causas, apenas o promotor cuja intervenção se justifique a partir de critérios abstratos e predeterminados, estabelecidos em lei. A matriz constitucional desse princípio assenta-se nas cláusulas da independência funcional e da inamovibilidade dos membros da Instituição. O postulado do promotor natural limita, por isso mesmo, o poder do Procurador-Geral que, embo-ra expressão visível da unidade institucional, não deve exercer a Chefia do Ministério Público de modo hegemônico e incontrastável". Alguns desejam enxergar no julgamento do RE n. 387.974 uma suposta eversão do princípio do promotor natural pelo Supremo Tribunal Federal. Marcelo Dantas esclarece a respeito do equívoco dos que assim se manifestam: "A uma, porque o voto condutor daquele caso começou por dizer que se acostava ao multicitado precedente do HC n. 67.759-2-RJ, que teria rejeitado o princípio do promotor natural, quando, em verdade, ali, como foi explicitado nos EDHC de mesma numeração, e como considera toda a doutrina, o Pretório Excelso acatou, e não reclaçou o postulado, ainda que o tenha condicionado à legislação. A duas, porque a legislação em foco — em especial a Lei n. 8.625 e a LC n. 75, ambas de 1993, para não falar das LCs estaduais — foi editada, consoante reconheceu o Supremo em inúmeros outros casos. A três, porque a manifestação do ilustre Subprocurador-Geral, trasladada no voto em pauta, baseia-se fundamentalmente nos princípios da unidade e indivisibilidade do Ministério Público, aplicando, porém, tais postulados de modo integral, à moda do *parquet* da França ou de outros países europeus que lhe copiam o modelo — tanto que a maior parte dos autores estrangeiros em que se baseiam enxergam o problema sob o prisma da estrita hierarquia ali vigente —, o que não é válido para o caso brasileiro, dado que aqui, conforma se viu, vigora, ao lado daquelas duas diretrizes principiológicas, uma terceira, a da independência funcional, que precisa ser considerada, além da garantia da inamovibilidade de que são detentores os membros do MP no Brasil, da qual não costumam gozar os agentes das instituições homólogas do Velho Mundo" (*Op. cit.*, p. 59).

Há dissenso doutrinário acerca da existência do princípio do promotor natural.

Edinaldo de Holanda Borges pronuncia-se pela inviabilidade do reconhecimento do princípio: "Se dois postulados constitucionais, o do juiz natural e o do princípio da indivisibilidade, estruturam fundamentalmente os dois órgãos, não é razoável, nem jurídica, a aplicação inversa das regras, conferindo à estrutura de um órgão o alicerce normativo do outro. Estender a regra fixista do juiz natural, para criar o promotor natural é dividir as funções do Ministério Público, em contraposição à indivisibilidade constitucional. É afronta ao princípio da não contradição emanado da lógica formal.

> "Além do mais, resulta da noção do promotor natural outra contradição de natureza processual. Consiste em conferir direito a uma parte sobre a outra parte. Seria direito sobre a contradição do próprio direito. As garantias democráticas estatuem regras, limites dos julgamentos, que são restritivas de direitos, não à acusação, que apenas provoca a jurisdição e já se encontra submetida ao controle do Poder Judiciário.
>
> (...)
>
> A estatuição constitucional das funções não se refere ao membro do Ministério Público, mas à Instituição como um todo. Por conseguinte, cada membro está investido da totalidade das funções do órgão, não sendo possível seccioná-las. O membro do Ministério Público pode, pela divisão interna dos serviços, deixar de exercitar algumas funções, o que não pode é ser impedido do exercício de qualquer função, ante essa divisão. É a aplicação do postulado da categoria da totalidade, da lógica científica, pelo qual o membro do Ministério Público sempre estará investido da totalidade de suas funções.
>
> (...)
>
> O estabelecer, em analogia com o Poder Judiciário, a prefixação do promotor natural, o ato exclui, sem previsão normativa, os demais membros de suas funções constitucionais. Pior ainda: sem previsão normativa, (...), condena-se o exercício de outro membro à contaminação processual nulificadora. *Quid juris*?
>
> Se o império normativo não estabelece a regra fracionária do promotor natural, o ato que impõe rege-se pelo império do subjetivismo, em contraposição ao Estado Democrático de Direito. Se, além do mais, a regra fragmentária imposta se conflita com o império da normatividade, fracionando onde era proibido dividir (princípio da indivisibilidade), o subjetivismo que daí desponta alcança as raias da arbitrariedade. O trânsito histórico do direito conduziu o pensamento jurídico no sentido da norma positiva e não no sentido da presunção eidética".[8]

(8) *Apud* DANTAS, Marcelo Navarro Ribeiro, *Princípio do Promotor Natural*, pp. 10-11.

Conquanto judiciosas as ponderações trazidas, não concordamos com a conclusão extratada, *data venia*.

Não reside qualquer impropriedade na fixação de um promotor natural destinado ao oferecimento de denúncia ou para a propositura de ação civil pública. Se o juiz natural decorre explicitamente da Constituição de 1988, idêntica forma de raciocínio se aplica no que concerne ao Ministério Público, porque o art. 5º, LIII, refere de modo claro que ninguém será *processado* senão pela autoridade competente.

D'outra sorte, não se pode argüir a inexistência de lei em sentido formal para impedir a concretização do comando constitucional, desde que o art. 5º, LIII, é suficiente, *per se*, para conferir a determinados membros do Ministério Público a exclusiva legitimidade para oferecimento de denúncia, sem que isso resulte em vulneração à indivisibilidade.

Se o art. 127, *caput* entregou ao Ministério Público a relevante tarefa de defesa da ordem jurídica, do regime democrático e dos interesses sociais e individuais indisponíveis, seguramente dotou a Instituição dos meios para alcançar tão elevado desiderato, dentre os quais a atuação coordenada dos diversos agentes do *parquet*. A seguir a linha de pensamento contrária, *permissa venia*, abrir-se-ia o perigosíssimo precedente por meio do qual qualquer promotor — pouco importando a sua lotação — estaria legitimado a iniciar processo contra o infrator, em detrimento daquele que, pela proximidade dos fatos, teria conhecimento mais consistente acerca das circunstâncias, tornando, assim, mais responsável a instauração da instância no âmbito criminal, civil ou trabalhista, o que, de mais a mais, é garantia do próprio sujeito passivo da relação jurídica processual.

O STF também controverteu inicialmente ao examinar a existência do postulado na Constituição de 1988, tendo concluído afirmativamente, consoante decisão transcrita mais adiante (HC n. 67.759).

E o mesmo se afirme quanto ao processo civil ou trabalhista. A razão justificadora da obediência ao promotor natural em tais domínios processuais consulta com o interesse público pertinente à existência de membro do Ministério Público envolvido exclusivamente com a preocupação de satisfazer o interesse da coletividade, objetivo que seria frustrado se motivos outros pudessem interferir na sua atuação.

É verdade que o STF se pronunciou inicialmente para impor a limitação do princípio do promotor natural à esfera penal (LEXJSTF 152/146).

Data maxima venia, não havia qualquer justificativa na limitação.

A mesma segurança conferida ao réu no processo penal quanto à obrigatoriedade de funcionar órgão acusador previamente estabelecido pela lei em sentido formal se impõe no processo civil e no processo do trabalho, mui especialmente porque o princípio do *due process of law* — postulado do qual se extraem todos os demais princípios examinados pela teoria geral do processo — é indicativo da necessidade de respeitar-se o princípio do promotor natural em qualquer domínio processual, seja penal, civil ou trabalhista.

Posteriormente, quando do julgamento do HC n. 67.759-2-RJ, a Suprema Corte o admitiu para quaisquer causas: "O postulado do Promotor Natural, *que se revela imanente ao sistema constitucional brasileiro*, repele, a partir da vedação de designações casuísticas efetuadas pela Chefia da Instituição, a figura do acusador de exceção. Esse princípio consagra uma garantia de ordem jurídica, destinada tanto a proteger o membro do Ministério Público, na medida em que lhe assegura o exercício pleno e independente do seu ofício, quanto a tutelar a própria coletividade, a quem se reconhece o direito de ver atuando, em quaisquer causas, apenas o Promotor cuja intervenção se justifique a partir de critérios abstratos e predeterminados, estabelecidos em lei. A matriz constitucional desse princípio assenta-se nas cláusulas da independência funcional e da inamovibilidade dos membros da Instituição. O postulado do Promotor Natural limita, por isso mesmo, o poder do Procurador-Geral que, embora expressão visível da unidade institucional, não deve exercer a Chefia do Ministério Público de modo hegemônico e incontrastável. Posição dos Ministros CELSO DE MELLO (Relator), SEPÚLVEDA PERTENCE, MARCO AURÉLIO e CARLOS VELLOSO. Divergência, apenas, quanto a aplicabilidade imediata do princípio do Promotor Natural: necessidade da *interpositio legislatoris* para efeito de atuação do princípio (Ministro CELSO DE MELLO); incidência do postulado, independentemente de intermediação legislativa (Ministros SEPÚLVEDA PERTENCE, MARCO AURÉLIO e CARLOS VELLOSO). – Reconhecimento da possibilidade de instituição do princípio do Promotor Natural mediante lei (Ministro SYDNEY SANCHES). – Posição de expressa rejeição a existência desse princípio consignada nos votos dos Ministros PAULO BROSSARD, OCTAVIO GALLOTTI, NÉRI DA SILVEIRA e MOREIRA ALVES" (STF/ Pleno, HC n. 67.759/RJ, rel. Min. Celso de Mello, DJ 1º.07.1993) (grifamos).

Promotor natural é a autoridade do Ministério Público previamente designada para atuar.(9) Nesse sentido, reprovam-se as designações de promotores *ad hoc* pelo Poder Judiciário,(10) assim como, de parte do respectivo procurador-geral, de agentes do órgão sem competência legal para oficiar.

---

(9) O STF entende que em se tratando de denúncia oferecida e recebida anteriormente à LONMP (Lei n. 8.625/93), não reside ofensa ao princípio do promotor natural — ao qual a mencionada lei veio conferir eficácia — a participação em audiência de inquirição de testemunhas de promotor de justiça que até esse momento não havia atuado no processo. AgRg n. 169.169-CE, rel. Min. Ilmar Galvão.

(10) O Supremo Tribunal Federal julgou, em 28 de agosto de 2003, procedente a Ação Direta de Inconstitucionalidade (ADIn n. 2874) ajuizada pela Associação Nacional dos Membros do Ministério Público (CONAMP) contra ato do corregedor-geral de Justiça do Estado de Goiás.

A decisão unânime acompanhou o voto do relator, ministro Marco Aurélio, para, em conseqüência, declarar a inconstitucionalidade de ato administrativo do Tribunal de Justiça de Goiás, que criou a

3.5. O Princípio do Promotor Natural e o Processo do Trabalho

São variadas as repercussões do princípio do promotor natural no processo do trabalho.

Lembre-se que a jurisprudência do STF não mais limita a incidência do postulado para o campo do processo penal, justificativa mais do que razoável para, doravante, extratarem-se conclusões tomando por base o princípio em questão.

Um comando consolidado que sempre nos chamou atenção em virtude do princípio do promotor natural consagrado formalmente a partir da Constituição de 1988 é o consubstanciado no art. 856, da CLT: "A instância será instaurada mediante representação escrita ao Presidente do Tribunal. Poderá ser também instaurada por iniciativa do *Presidente*, ou, ainda, a requerimento da Procuradoria da Justiça do Trabalho, sempre que ocorrer suspensão do trabalho".

De logo, observa-se estar claramente desatualizado o enunciado em apreço, tanto que faz referência a uma suposta *Procuradoria da Justiça do Trabalho* — órgão morto e sepultado após a Constituição de 1988...

Por outro lado, admite o art. 856 a instauração da instância em sede de dissídio coletivo do trabalho a requerimento do Ministério Público do Trabalho, sempre que ocorrer suspensão do trabalho, ou, de ofício, pelo respectivo Presidente do Tribunal.

Quanto à iniciativa do Ministério Público do Trabalho, o preceptivo colide frontalmente com a atual redação do § 3º do art. 114, da Constituição de 1988, segundo o qual "em caso de greve em atividade essencial, com possibilidade de lesão do interesse público, o Ministério Público do Trabalho poderá ajuizar dissídio coletivo, competindo à Justiça do Trabalho decidir o conflito".

Atualmente, portanto, não se confere um "cheque em branco" ao Ministério Público do Trabalho, a fim de que venha a suscitar dissídio coletivo quando entender conveniente.

Mesmo antes da EC 45/04, que alterou o procedimento quanto à instauração da instância na Justiça do Trabalho, o art. 856 comandava que a iniciativa ministerial deveria estar balizada pela ocorrência de suspensão do trabalho.

Já, agora, mais restrita ainda se encontra a legitimidade do Ministério Público do Trabalho para suscitar dissídio coletivo, porque somente se dará

---

figura do promotor *ad hoc*. Em outro julgamento sobre o mesmo assunto, o STF deferiu, na mesma data, por unanimidade, a medida cautelar requerida na Ação Direta de Inconstitucionalidade (ADIn n. 2.958) ajuizada pelo procurador-geral da República contra ato do Corregedor-geral de Justiça do Estado de Santa Catarina, pela edição do provimento n. 6/00, que também criou a figura do promotor *ad hoc* mediante nomeação de caráter transitório. A decisão unânime acompanhou o voto do relator, ministro Cezar Peluso.

se I) *houver deflagração de greve em atividade essencial*; II) *com possibilidade de lesão do interesse público.*

O membro do *Parquet* orientará a iniciativa com base na cláusula que enseja a instauração de instância quando houver ofensa ao interesse público.

Ora, sabendo-se que a expressão "interesse público" é um *topoi*, ou seja, trata-se de um ponto de partida que guiará o intérprete da norma para conclusões mais específicas sobre o tema em debate, o próprio Poder Judiciário trabalhista terá a possibilidade de examinar também se a atuação do Ministério Público está movida pela lesão ao interesse público, consoante exige a dicção do § 3º do art. 114, da Constituição Federal.

Conseqüentemente, toda e qualquer iniciativa de sindicato ou de qualquer outra pessoa, natural ou jurídica, para suscitar dissídio coletivo que, nos termos do § 3º do art. 114, da Constituição, autorizaria apenas o Ministério Público do Trabalho a suscitá-lo, corresponde a ofensa ao princípio do promotor natural.

Por maior razão ainda não poderá Presidente de TRT ou do TST suscitar o dissídio coletivo, quer porque o princípio do promotor natural indiscutivelmente determinou a não-recepção do dispositivo tão logo promulgada a Constituição de 1988, quer porque, nos dias atuais, à exceção da prerrogativa conferida ao Ministério Público, somente as partes, em comum acordo (ainda que flagrantemente inconstitucional o preceito), como veremos a seguir, é que poderão instaurar a instância no âmbito do conflito coletivo do trabalho.

Capítulo 4

O PRINCÍPIO DO DIREITO DE AÇÃO E O PROCESSO DO TRABALHO

4.1. Aspectos Introdutórios

Encarta-se o postulado no art. 5º, XXXV: "a lei não excluirá da apreciação do Poder Judiciário lesão ou ameaça a direito".

É o chamado *princípio do direito de ação, da inafastabilidade do controle judicial*, da *proteção judiciária* ou ainda da *ubiqüidade.*[1]

Destina-se a proibir que o legislador, ou quem quer que seja, imponha restrição objetiva de acesso ao Poder Judiciário.

Há situação em que o próprio texto constitucional condiciona o exercício do direito de ação ao prévio esgotamento de instância extrajudicial, como se vê no § 1º do art. 217 ("O Poder Judiciário só admitirá ações relativas à disciplina e às competições desportivas após esgotarem-se as instâncias da justiça desportiva, reguladas em lei").

Haveria inconstitucionalidade no condicionamento imposto pelo preceptivo?

Como a hipótese é de norma constitucional originária, é pacífica a jurisprudência do STF acerca da completa impossibilidade de emissão de provimento para declarar a incompatibilidade de umas em relação às outras.[2]

---

(1) *Ubiqüidade* advém do signo *ubiquo*, que tem o sentido de estar ao mesmo tempo em todo lugar; onipresença (cf. Aurélio Buarque de Holanda, *Novo Dicionário da Língua Portuguesa*, p. 385).

(2) Foi o que decidiu o STF nos autos da ADIn n. 815-3-DF: "A tese de que há hierarquia entre normas constitucionais originárias dando azo à declaração de inconstitucionalidade de umas em face de outras é incompossível com o sistema de constituição rígida".

E no caso de o legislador fixar pressupostos processuais objetivos extrínsecos,(3) como a tentativa prévia de conciliação, haveria, ainda assim, violação do direito individual de acesso ao Poder Judiciário?

A mera e simples indicação de tentativa obrigatória prévia de conciliação, como ocorre por exemplo com as comissões de conciliação prévia disciplinadas no art. 625, A/H, da CLT, não induz a qualquer inconstitucionalidade, como veremos a seguir, desde que, após a conclusão da fase prévia, esteja o indivíduo livre para remeter o seu reclamo ao Poder Judiciário.

Por conseguinte, o que o art. 5º, XXXV, assegura ao indivíduo não é, em absoluto, acesso *direto* ao Poder Judiciário,(4) mas sim a proteção judiciária, ou seja, o direito de instar o juiz à solução do conflito para a tutela jurisdicional de interesse seu.

Portanto, o direito de ação se impõe para impedir a fixação pelo legislador constituinte derivado ou ordinário de barreiras *objetivas* de acesso ao Poder Judiciário.

Que são *barreiras objetivas?*

São todas aquelas que impedem a pessoa, *objetivamente*, de ter acesso ao Poder Judiciário.

É uma tautologia dizer que barreiras *objetivas* de acesso ao Judiciário são as que impedem *objetivamente* o indigitado acesso...

Entretanto, a redundância serve para exprimir que somente será considerado inconstitucional a aposição de óbice que impeça, de modo absoluto, o acesso à função judiciária.

Por outro lado, é corolário do princípio do direito de ação o acesso ao Poder Judiciário pelo hipossuficiente econômico, razão por que poderá ser discutida a inconstitucionalidade de lei que pretenda revogar o benefício da justiça gratuita.(5)

---

(3) Os pressupostos processuais são os requisitos que devem ser atendidos pelo juiz e pelas partes a fim de que se constitua validamente a relação jurídica processual. A doutrina costuma dividir os pressupostos processuais em *subjetivos* e *objetivos*. Subjetivos são aqueles referentes ao juiz e às partes. Com relação ao juiz são os seguintes: órgão com *jurisdição*, *competência* e *imparcialidade*. Com relação às partes: *capacidade de ser parte*, *capacidade processual* e *capacidade postulatória*. Os objetivos, por sua vez, podem ser *intrínsecos* ou *extrínsecos* à relação processual. Intrínsecos são os pressupostos processuais objetivos inerentes ao procedimento que deve ser respeitado por todos que dirigem a sua pretensão ao Poder Judiciário. Extrínsecos são os que se revelam na ausência de fatos que impeça a propositura da ação, como, *e.g.*, a litispendência, o compromisso, a falta de tentativa prévia de conciliação.

(4) Procedimento que, de mais a mais, não é seguido pelo próprio constituinte originário, tanto que estipulou a obrigatoriedade, no referido § 2º do art. 217, quanto ao esgotamento das instâncias da justiça desportiva antes de propositura de qualquer ação perante o Poder Judiciário.

(5) "GRATUIDADE JUDICIÁRIA. RECURSO CABÍVEL. FUNGIBILIDADE. Presente situação de ambigüidade e dúvida, por força do aparente conflito entre as disposições do art. 17 da Lei n. 1.060/50 e art. 162,

D'outra sorte, tem decidido o STF que eventual ausência de fundamentação de sentença não induz a ofensa ao art. 5º, XXXV, da Constituição.(6)

4.2. *O Princípio do Direito de Ação e o Processo do Trabalho*

São variados os temas que concernem a contingente transgressão ao princípio do direito de ação no campo trabalhista.

4.2.1. As Comissões de Conciliação Prévia e o Princípio do Direito de Ação

Inicialmente, tendo em vista referência feita no subitem anterior, examinaremos as repercussões das Comissões de Conciliação Prévia (CCP's) no âmbito do processo do trabalho.

Assinala, no particular, o art. 625-A, da CLT que "as empresas e os sindicatos podem instituir Comissões de Conciliação Prévia, de composição paritária, com representantes dos empregados e dos empregadores, com atribuição de tentar conciliar os conflitos individuais do trabalho".

Da redação resulta que as CCP's i) *são paritárias*, ii) *têm atribuição exclusivamente conciliatória*, e iii) *atuam apenas no âmbito dos conflitos individuais do trabalho.*

Por sua vez, prescreve o art. 625-D que "qualquer demanda de natureza trabalhista será submetida à Comissão de Conciliação Prévia se, na localidade da prestação de serviços, houver sido instituída a Comissão no âmbito da empresa ou do sindicato da categoria".

Aqui muitos argúem a inconstitucionalidade do preceptivo.

Tal como adiantamos linhas atrás, não há uma réstia sequer de inconstitucionalidade no enunciado.

Antes de apresentarmos uma resposta conclusiva a respeito do tema, é importante dizer que muito mudou a *teoria da tripartição das funções estatais* (ou tripartição dos "poderes", como equivocadamente defendem alguns) desde

---

parágrafo 2º, combinado com o art. 522, *caput* do CPC, aplica-se, excepcionalmente, o princípio da fungibilidade. Concessão do benefício. A operatividade do princípio do direito de ação (art. 5º, XXXV, da CF n. 88) pressupõe garantia de acesso a justiça àqueles que não têm condições de suportar as despesas do processo. Conceito de pobreza. Para os fins da Lei n. 1.060/50 a necessidade não corresponde à pobreza na acepção comum da palavra. Decisão mantida" (TARS – AI 198081374 – 9ª C. Cív. – Relª Juíza Mara Larsen Chechi – J. 04.08.1998).

(6) STF, RTJ n. 147/312. E ainda: "Decisão emanada do Poder Judiciário, ainda que errônea, incompleta ou insatisfatória, não deixa de configurar-se como resposta efetiva do Estado-juiz à invocação, pelo interessado, da tutela jurisdicional do Poder Público" (STF, RTJ 147/251).

a sua formulação iluminista urdida pelo pensamento de *Montesquieu*, ou, pior ainda, desde que *Aristóteles*,[7] na Idade Antiga, verberou que eram três as funções estatais: organização de cargos e magistraturas; atos judiciais e deliberações sobre assuntos de interesse geral.

E por quê? O que houve?

É preciso entender que a teoria de *Montesquieu* estava a serviço de uma ordem estatal forjada no altiplano do liberalismo político que, a seu modo, tentava, a todo custo, aferrar à filosofia racionalista o exercício até então desmedido do poder político do monarca.

Para isso defendia que as funções estatais deveriam estar rigorosa e sacramente separadas em compartimentos estanques, tudo de sorte a impedir que a força de uma das funções viesse a sobrepujar as demais.

Isso correspondia a um período em que o brado de liberdade se ouvia nas praças,nos campos e até nos castelos...

O ideal de liberdade, que apanhava os sistemas econômicos e políticos, não se compadecia sequer com a possibilidade, mínima que fosse, de exercício de parcela de uma função estatal por outra.

Tratava-se verdadeiramente de *dogma* da filosofia política liberal.

Hoje, no entanto, o *liberalismo* encontra-se visivelmente em baixa...

Após o advento do constitucionalismo social, que buscou efetivar a igualdade substancial, amparado nos movimentos socialistas russo e mexicano, restou mais que evidente o malogro do Liberalismo relativamente à redução das gravíssimas desigualdades sociais.

E mesmo o constitucionalismo social adquiriu em alguns países, como o Brasil, contextura de ordem meramente formal. É até estranho, mas é verdade. O constitucionalismo social, que abominou a igualdade formal, descambou para o plano formal ao positivar em constituições *simbólicas* (a expressão é de *Marcelo Neves*[8]) normas assecuratórias de direitos sociais.

Esse fenômeno decorreu daquilo que *Engisch* denomina de *entropia negativa*, ou seja, a necessidade de todo sistema manter-se vivo[9], posto que, inviável a continuidade do Estado liberal nos moldes absenteístas que lhe eram conaturais, restava aos mantenedores da estrutura social, política e econômica atualizar o liberalismo mediante a positivação em sede constitucional — e com pretensões meramente formais — de previsões de natureza social que jamais viriam a ser concretizadas...

(7) *Cf.* Política, p. 151.

(8) NEVES, Marcelo. *A constitucionalização simbólica*. São Paulo: Ed. Acadêmica, 1994.

(9) ENGISCH, Karl. *Introdução ao pensamento jurídico*. 6ª ed. Lisboa: Fundação Calouste Gulbenkian, 1983, p. 93.

Mas, ao menos no plano político, as coisas estão mudando...

Basta ver o que está acontecendo na América Latina: Luiz Inácio Lula da Silva reeleito no Brasil; Hugo Chávez reeleito na Venezuela; Michele Bachelêt eleita no Chile; Evo Morales na Bolívia; Rafael Caldera no Equador. E o resumo da ópera: Nós, os pobres da América Latina, antes de findar o primeiro decêndio do século XXI, queremos trabalho, saúde, educação, segurança. E o significado de tudo isso: a representação do malogro liberal com as vitórias de expressivos paradigmas da esquerda latino-americana.

Como, então, prosseguir com o *constitucionalismo social aparente*, se, de forma generalizada, as pessoas simplesmente não suportam mais as promessas do Estado em termos de direitos sociais para, após, serem descumpridas, sem a menor desfaçatez? Como compatibilizar a divisão da riqueza diante da equação "demandas sociais X insuficiência de recursos"?

Há uma só e uma só resposta: os segmentos sociais mais organizados terão maior oportunidade de serem auscultados pelos parlamentos.

E, no contexto, observamos as seguintes situações: i) a classe dominante buscará atualizar a Constituição de 1988 por meio de reformas constitucionais; ii) segmentos sociais organizados farão valer seus interesses no Parlamento.

Pois então. Este *constitucionalismo social aparente* tem sido retroalimentado pelo Poder Judiciário brasileiro, que não cumpre os encargos cometidos pelo legislador constituinte originário, com exceções que só fazem confirmar a regra.

Recordamos de fábula de *La Fontaine*, que se encaixa perfeitamente na metáfora que se seguirá.

Um dia, porque estava muito feliz, resolveu a raposa convidar a cegonha à sua toca para com ela banquetear-se. Surpresa, porém de muitíssimo bom grado, aceitou a ave o inesperado convite. No entanto, qual não foi sua surpresa ao chegar à toca da raposa ao notar que todos os alimentos servidos eram líquidos e estavam dispostos em pratos rasos...

É rigorosamente isso o que vem ocorrendo no Brasil: a Constituição de 1988 consagra inúmeros direitos sociais que são servidos em "prato raso" pelo Poder Judiciário brasileiro...

Mas o propósito, aqui, é examinar a constitucionalidade das CCP's.

E dissemos que não há incompatibilidade vertical alguma com a Constituição de 1988.

Deveras, de há muito já se dissipou a idéia de monopólio do Poder Judiciário quanto à solução dos conflitos de interesses.

Inicialmente discutiu-se a inconstitucionalidade da arbitragem prevista na Lei n. 9.307/96, cuja decisão final ainda não foi prolatada pelo Supremo Tribunal Federal.

No âmbito do processo do trabalho é acirrada a disputa entre os que defendem a inconstitucionalidade e a compatibilidade das Comissões de Conciliação Prévia com a Constituição de 1988.

Os que pugnam pela declaração de inconstitucionalidade defendem a tese de que o acesso ao Judiciário Trabalhista deverá ser *direto* e *imediato*; os que afastam a idéia da inconstitucionalidade sustentam que a acessibilidade ao Judiciário estará sempre resguardada, cabendo ao trabalhador tão-só recorrer à instância prévia para ter acesso à esfera judicial.

Pronunciamo-nos em favor do último entendimento.

É praticamente uníssona na doutrina constitucional a idéia de que não há inconstitucionalidade alguma na indicação de pressupostos processuais pela lei para que a parte tenha acesso ao Poder Judiciário.

No Brasil, por exemplo, a jurisprudência do Supremo Tribunal Federal concluiu pela constitucionalidade da prova da recusa de informações como condição da ação de *habeas data*.

A Lei n. 9.507/97, que regulamentou o exercício do *habeas data*, fixou a obrigatoriedade de o impetrante apresentar, juntamente com a petição inicial, prova da recusa das informações.[(10)] Com isso, instalou-se a discussão a respeito da constitucionalidade do dispositivo, porquanto não referida tal hipótese pelo art. 5º LXXII, da Constituição Federal. Ao acompanharmos a jurisprudência do STF, aderimos ao entendimento quanto a ser constitucional a previsão, fundamentalmente porque, se o objetivo é, por meio de ação mandamental, compelir à divulgação de dados ou mesmo retificá-los, deve residir interesse processual para obtenção da providência.[(11)]

---

(10) Lei n. 9.507/97, art. 8º: "A petição inicial, que deverá preencher os requisitos dos arts. 282 a 285 do Código de Processo Civil, será apresentada em duas, e os documentos que instruírem a primeira serão reproduzidos por cópia na segunda. Parágrafo único: A petição inicial *deverá* ser instruída com prova: I – da *recusa* ao acesso às informações ou do decurso de mais de dez dias sem decisão; II – da *recusa* em fazer-se a retificação ou do decurso de mais de quinze dias, sem decisão, ou III – da *recusa* em fazer-se a anotação a que se refere o § 2o do art. 4o ou do decurso de mais de quinze dias sem decisão" (grifamos). Como deflui da norma citada, não há necessidade de comprovação que a recusa tenha se dado formalmente, por escrito, bastando o transcurso do prazo legalmente assinalado. Assim também a jurisprudência: "CONSTITUCIONAL – *HABEAS-DATA* – CONSTITUIÇÃO, ART. 5º, LXXII – LEI n. 9.507, DE 12.11.1997 – RECUSA DE INFORMAÇÕES POR PARTE DA AUTORIDADE ADMINISTRATIVA – A recusa por parte da autoridade administrativa ao acesso às informações não precisa ser por escrito, basta o decurso do prazo, sem decisão" (TRF 1ª – RHD 34000000900 – DF – 2ª T. – Rel. Des. Fed. Tourinho Neto – DJU 25.03.2003 – p. 33).

(11) O STF, ao julgar o RHD n. 24/DF, rel. Min. Maurício Corrêa, DJ de 13.02.98, concluiu pela constitucionalidade da prova da recusa de informações, exigência articulada pela Lei n. 9.507/97: "Recurso de *habeas data*. Carência de ação: Interesse de agir. 1. A Lei n. 9.507, de 12.11.97, que regula o direito de acesso a informações e disciplina o rito processual do *habeas data*, acolheu os princípios gerais já proclamados por construção pretoriana. 2. É princípio axiomático do nosso direito que só pode postular em juízo quem tem interesse de agir (CPC, arts. 3º e 267, VI), traduzido pela exigência de que só se pode invocar a prestação da tutela jurisdicional diante de uma pretensão resistida, salvo as exceções expressamente previstas. 3. Recurso de *habeas data* não provido."

É idêntico o raciocínio a ser consumado com relação às Comissões de Conciliação Prévia.

Se não está vedado o acesso ao Poder Judiciário trabalhista, mas tão-só imposta condição para o exercício do direito de ação, nada há de inconstitucional no dispositivo consolidado que assim se pronuncia.

É neste sentido o pronunciamento da jurisprudência trabalhista: "AÇÃO TRABALHISTA. EXIGÊNCIA DE ANTERIOR SUBMISSÃO DA DEMANDA À COMISSÃO DE CONCILIAÇÃO PRÉVIA. INCONSTITUCIONALIDADE INEXISTENTE. A exigência legal para que o empregado submeta-se à comissão prévia de conciliação, antes de acionar a justiça do trabalho, não pode ser considerada inconstitucional, pois o que a *lex mater* garante é o direito de demandar, sendo o direito de ação condicionado ao preenchimento de certos requisitos que podem ser estabelecidos em Lei Infraconstitucional. Ademais, a obrigatoriedade da tentativa de conciliação não impede o ajuizamento de ação visando à satisfação das pretensões ressalvadas ou a declaração de nulidade do ajuste celebrado perante a comissão. Recurso obreiro improvido" (TRT 13ª R. – RO 1333/2001 – (65280) – Relª Juíza Ana Maria Ferreira Madruga – DJPB 13.11.2001)."

E muitas outras decisões de Tribunais Trabalhistas convergem para o entendimento da perfeita compatibilidade das CCP's com a Constituição de 1988.(12)

---

(12) "COMISSÕES DE CONCILIAÇÃO PRÉVIA (LEI n. 9.958/00). ARGÜIÇÃO DE INCONSTITUCIONALIDADE. REJEIÇÃO. É de se rejeitar a inconstitucionalidade argüida em face da Lei n. 9.958/00, que incluiu o art. 625-E na CLT, pois este não veda o direito de ação, já que não obriga o trabalhador a submeter-se à comissão de conciliação prévia, não proíbe o imediato ajuizamento da ação perante a justiça do trabalho, bem como não prevê sanção alguma caso a demanda não seja submetida previamente às comissões" (TRT 24ª R. – RO 1384/2002-001-24-00-3 – Rel. Juiz Nicanor de Araújo Lima – J. 30.07.2003).

"COMISSÕES DE CONCILIAÇÃO PRÉVIA. LEI N. 9.958/2000. INCONSTITUCIONALIDADE AFASTADA. A Lei n. 9.958, de 12.01.2000, ao acrescer disposições concernentes às Comissões de Conciliação Prévia no texto consolidado (art. 625-D), estabeleceu novo pressuposto ao exercício do direito de ação, como, a propósito, há muito já se verificava em se tratando dos processos de dissídio coletivo, em que a tentativa de conciliação constitui pré-requisito da ação. Não se vislumbra qualquer inconstitucionalidade na referida Lei (por suposta ofensa ao direito de ação assegurado pelo art. 5º, XXXV, da Constituição da República), uma vez que a exigência de submissão da demanda à Comissão de Conciliação Prévia (se houver) não obsta o acesso do obreiro ao Poder Judiciário. Apenas condiciona tal acesso à apresentação da declaração negativa prevista no art. 625-D, parágrafo 2º, da CLT, sendo certo que a competência para instituir pressupostos processuais está mesmo reservada ao legislador ordinário" (TRT 3ª R. – RO 3963/02 – 1ª T. – Relª Juíza Maria Laura Franco Lima de Faria – DJMG 07.06.2002 – p. 10).

"COMISSÃO DE CONCILIAÇÃO PRÉVIA. A Lei n. 9.958/00, introduziu em nosso ordenamento jurídico a figura das comissões de conciliação prévia, disciplinadas nos artigos 625 A-H da CLT. Portanto, resta evidente a vontade do legislador em determinar que, havendo comissão de conciliação prévia em funcionamento na localidade do conflito, qualquer demanda de natureza trabalhista será levada à Justiça do Trabalho somente depois de submetida à respectiva comissão, juntando à peça vestibular a certidão de conciliação frustada, pressuposto este que não importa em óbice ao direito de ação, uma vez que ao legislador infraconstitucional está reservada a competência para instituir pressupostos processuais, desde que os mesmos não impeçam o exercício do direito

Entretanto, diversa será a conclusão se a CCP houver instituído qualquer taxa a ser paga pelo trabalhador para homologar o acordo perante a comissão.[13]

4.2.2. O Princípio do Direito de Ação e a Arbitragem no Contrato de Trabalho

A Lei n. 9.307/96 criou a possibilidade de solução de controvérsias por meio da arbitragem.

O objetivo, aqui, não é examinar as discussões havidas em torno da constitucionalidade da Lei da Arbitragem, mas sim a respeito da compatibilidade da arbitragem com o contrato de trabalho, notadamente à luz do princípio do direito de ação.

Não há como ser posto à margem, de modo semelhante, o comando do art. 9º da CLT, cujo enunciado é o seguinte: "Serão nulos de pleno direito os atos praticados com o objetivo de desvirtuar, impedir ou fraudar a aplicação dos preceitos contidos na presente Consolidação".

---

constitucional de ação. Ademais, as indigitadas comissões prévias constituem apenas instâncias prévias conciliatórias, nas quais as comissões estão obrigadas a dar resposta às pretensões em dez dias (art. 625, *f*, CLT), o que não representa violação ao acesso ao Poder Judiciário. Como corolário lógico fica rejeitada a argüição incidental da inconstitucionalidade da Lei n. 9.958 de 12.01.2000, que introduziu os artigos 625. A a H no Diploma Consolidado, por destituída de razão" (TRT 3ª R. – RO 0831/02 – 4ª T. – Rel. Juiz Júlio Bernardo do Carmo – DJMG 06.04.2002 – p. 14). "PRESSUPOSTO PROCESSUAL. COMISSÃO DE CONCILIAÇÃO PRÉVIA. CONSTITUCIONALIDADE. Não há falar em inconstitucionalidade da regra legal que exige a prévia submissão da demanda trabalhista às comissões de conciliação prévia, instituídas em norma coletiva com suporte no art. 625-A da CLT, porquanto... a Constituição não regula o acesso à Justiça. Esse acesso é regulado pelas normas de processo, que traçam os requisitos e os pressupostos a serem satisfeitos pelos postulantes judiciais. Portanto, salvo quando a lei infraconstitucional criar óbice intransponível do acesso à Justiça, não há como detectar inconstitucionalidade na norma que apenas estabelece requisitos ou pressupostos para esse acesso. (Ministro Aposentado Indalécio Gomes Neto). Afinal,...espera-se que, na esteira da terceira onda de reformas no processo, tão propalada por Mauro Capelletti, que prestigia especialmente as formas alternativas de composição dos conflitos em sociedade, possam as comissões de conciliação prévia representar um elemento de pacificação dos confrontos entre patrões e empregados, a par de desafogar o Judiciário Trabalhista da quantidade sobre-humana de processos que deve resolver diuturnamente. (Ministro Ives Gandra da Silva Martins Filho). (...)" (TRT 10ª R. – ROPS 0202/2001 – 3ª T. – Rel. Juiz Douglas Alencar Rodrigues – DJU 01.06.2001).

(13) "AÇÃO ANULATÓRIA. CLÁUSULA DE CCT INSTITUINDO TAXA PARA SUBMISSÃO DE CONFLITOS À COMISSÃO INTERSINDICAL DE CONCILIAÇÃO PRÉVIA. INCONSTITUCIONALIDADE. Tendo em vista o debate atual tanto na doutrina como na jurisprudência quanto à obrigatoriedade ou não de sujeição ao sistema de solução extrajudicial dos conflitos de trabalho criado com a edição da Lei n. 9.958/2000, a estipulação de pagamento de valores em espécie pelos trabalhadores para que tenham acesso às Comissões de Conciliação Prévia, onerando-lhes com taxa não prevista em lei, fere o princípio fundamental da inafastabilidade do controle judicial às lesões ou ameaças a direitos inscritos na Constituição Federal (artigo 5º, inciso XXXV). Ademais, independente da obrigatoriedade ou não, o art. 8º, inciso IV da Constituição Federal, bem como os arts. 578 e seguintes da CLT prevêem a contribuição sindical que tem como objetivo, entre outros, a assistência jurídica, que inclui as atribuições facultadas pela Lei n. 9.958/2000, merecendo destaque que a instituição das comissões não é procedimento obrigatório. Ação Anulatória julgada procedente" (TRT 10ª R. – AA 0006/2001 – TP – Rel. Juiz Mário Macedo Fernandes Caron – J. 10.10.2001).

Vê-se, pois, o amplo espectro do indigitado preceito consolidado, coibindo o desvirtuamento, o impedimento ou a fraude às normas da CLT.

Na hipótese de fixação de cláusula ou compromisso arbitral no contrato de trabalho, resta mais do que demonstrada a efetiva lesão ao princípio do direito de ação, máxime quando os empregadores direcionam a cláusula para fraudar o comando constitucional e a legislação trabalhista.

Circunstância sobre a qual não paira dúvida é a pertinente à completa inadequação da via arbitral para solver conflito de natureza trabalhista, seja de cunho coletivo ou individual.

Explica-se: se o empregador fixa, desde a gênese da relação contratual, a possibilidade de solução de conflito por meio da arbitragem, instituindo a cláusula compromisória, resta claro, claríssimo que o trabalhador, em casos tais, se verá premido a aceitar, de modo incondicionado, a condição contratual imposta, porque, se assim não se conduzir, seguramente não obterá o posto de trabalho.

E mais ainda: sendo certo que o contrato de trabalho, na esmagadora maioria das hipóteses, tem natureza de contrato de adesão, obediente, portanto, a cláusulas uniformes, sem exercício da autonomia privada negocial por parte do trabalhador, incide, no particular, com toda evidência, o comando do § 2º do art. 4º da Lei n. 9.307/96, segundo o qual "nos contratos de adesão, a cláusula compromissória só terá eficácia se o aderente tomar a iniciativa de instituir a arbitragem ou concordar, expressamente, com a sua instituição, desde que por escrito em documento anexo ou em negrito, com a assinatura ou visto especialmente para essa cláusula".

Contudo, insiste-se no entendimento quanto à incompatibilidade da via da arbitragem para a solução dos conflitos individuais do trabalho diante da peculiaridade das relações de trabalho.

Com efeito, é certo que se não deve atribuir aos direitos individuais dos trabalhadores a marca da indisponibilidade absoluta, o que atrairia o comando do art. 1º, da Lei da Arbitragem ("As pessoas capazes de contratar poderão valer-se da arbitragem para dirimir litígios relativos a direitos patrimoniais disponíveis").

E por quê?

Simplesmente em virtude da possibilidade de o empregado, no processo judicial trabalhista, formalizar acordo com o ex-empregador acerca das parcelas devidas ao longo da relação contratual, quando, não raro, horas extras e repercussões deixam de ser pagas no momento da celebração da avença.

Mas a defesa da incompatibilidade guarda relação com o próprio Texto Consolidado.

Com evidência, o art. 477 da Consolidação das Leis do Trabalho, §§ 1º e 3º, possui redação imperativa ao impor que somente tem validade a rescisão de contrato de trabalho do empregado que tenha mais de um ano de serviço com a assistência da DRT – Delegacia Regional do Trabalho ou de sindicato competente. Senão vejamos: "Art. 477 – ... *omissis* ... § 1º – O pedido de demissão ou recibo de quitação de rescisão de contrato de trabalho, firmado por empregado com mais de um ano de serviço, só será válido quando feito com a assistência do respectivo Sindicato ou perante autoridade do Ministério do Trabalho. § 3º – Quando não existir na localidade nenhum dos órgãos previstos neste artigo, a assistência será prestada pelo representante do Ministério Público, ou onde houver, pelo Defensor Público e, na falta ou impedimento deste, pelo Juiz de Paz."

Argüida a incompatibilidade da arbitragem com os direitos sociais dos trabalhadores, calha bem à hipótese trazer o opinativo de R*enata de Queiroga e Melo Farias*, Assistente Jurídico da AGU em exercício na DRT/PE, nos autos do Processo Administrativo n. 46213006335/2002: "... Assevera-se desde já que esta DRT – Delegacia Regional do Trabalho em Pernambuco possui entendimento no sentido de que a prática de mediação, bem como a sentença arbitral não se aplica às relações individuais de trabalho, porquanto há óbices legais e de ordem pública a ensejar tal posicionamento. Além do que, ao Ministério do Trabalho e Emprego cabe a proteção do interesse público e a proteção ao trabalhador. Ao ser criado tal instituto, exortou-se, inclusive, pela lavra do seu mentor, o então Senador Marco Maciel, quando da exposição de motivos do respectivo projeto de lei, que a arbitragem tem especial importância no direito internacional, nas relações comerciais e nas causas de alta complexidade. É intuitivo destarte, a necessidade de se proceder a uma interpretação histórica, para inferir que a vontade do legislador foi aplicar tão-só aos casos acima elencados. Inobstante a lei não se referir a sua aplicação no campo do direito laboral, entende-se aplicável, todavia, apenas ao campo das relações coletivas de trabalho e, resguardados as suas especificidades e peculiaridades. Nesse ínterim, corrobora a previsão constitucional, que consagra, em seu art. 114, parágrafo primeiro, a possibilidade de aplicação nas negociações coletivas, cujo texto não comporta comentário:" Art. 114. (*omissis*) Parágrafo 1º. Frustada a negociação coletiva, as partes poderão eleger árbitros. Parágrafo 2º. Recusando-se qualquer das partes..."Evidentemente, que se o legislador constitucional não estendeu tal previsão à relações individuais de trabalho, isto não se afigura possível, nem tampouco plausível. Nessa ordem de consideração, e seguindo o mesmo raciocínio, o legislador infraconstitucional também só previu a utilização da arbitragem em matéria de direito coletivo, como se pode observar, do art. 3º da Lei de Greve, do art. 23 da Lei n. 8.630/93 (Lei de Organização dos Portos) e da Lei n. 10.101 (Lei de Participação nos Lucros), dentre outras. Por ilação, só a Justiça do Trabalho cabe conciliar e julgar as contendas que alberguem relações individuais de trabalho. Um outro óbice intransponível para a sua aplicação no direito individual do trabalho é a previsão do art. 1º da própria lei de arbitragem, posto que a possibilidade de resolução de conflitos por meios extrajudiciais limita-se às controvérsias que envolvam direitos patrimoniais disponíveis. Inobstante o enquadramento do Direito do Trabalho no ramo do direito privado, ele possui infindáveis dispositivos próprios de direito público, tendo em vista o interesse social e a imperatividade de suas normas. Há ainda os que, divergindo desta classificação, o enquadram no âmbito do direito público. Conquanto sejam de ordem pública, são, por conseguinte, indisponíveis e inegociáveis, insuscetíveis de renúncia ou transação, bem assim irrenunciáveis pela vontade das partes. A esse respeito, elucidativa é a lição magistral *Arnaldo Süssekïnd*, *in* "Instituições de direito do trabalho", vol. I, 16ª ed., p. 200, *in verbis*: "(...) visando ao amparo do trabalhador como ser humano e a prevalência dos princípios de justiça social, mediante limitação da autonomia da vontade, o Direito do Trabalho se constitui, em grande parte, de preceitos de ordem pública(...)".

No mesmo sentido é o entendimento de *Mauricio Godinho Delgado*, ao defender a inaplicabilidade da Lei n. 9.307/96 às relações de trabalho: "... É que vigora, no Direito do Trabalho, especialmente em seu segmento jusindividual, o princípio da indisponibilidade de direitos, que imanta de invalidade qualquer renúncia ou mesmo transação lesiva operada pelo empregado ao longo do contrato. A fórmula arbitral, que pode levar a uma considerável redução ou supressão de direitos, teria força para esterilizar, ou mesmo atenuar, semelhante princípio básico do ramo justrabalhista especializado? Em princípio, parece-nos que a resposta é negativa. As fórmulas de solução de conflitos, no âmbito do Direito Individual do Trabalho, submetem-se, é claro, aos princípios nucleares desse segmento especial do Direito, sob pena de a mesma ordem jurídica ter criado mecanismo de invalidação de todo um estuário jurídico-cultural tido como fundamental por ela mesma. Nessa linha, é desnecessário relembrar a absoluta prevalência que a Carta Magna confere à pessoa humana, à sua dignidade no plano social, em que se insere o trabalho, e a absoluta preponderância deste no quadro de valores, princípios e regras imantados pela mesma Constituição. Acresça-se, ainda, a dificuldade de compatibilização da regra disposta nos arts. 18 e 31 da Lei de Arbitragem com o preceito clássico de amplo acesso ao Judiciário, assegurado pelo art. 5º, XXXV, da Carta Magna. De fato, a Lei n. 9.307 parece querer conferir qualidades de coisa julgada material à decisão arbitral, mesmo em conflitos meramente interindividuais, excluindo, em conseqüência, da apreciação judicial lesão ou ameaça a direitos trabalhistas que poderiam estar nele embutidas. Ainda que se considere superável tal dificuldade de compatibilização no âmbito do Direito Civil e Direito Comercial — onde vigora, como critério geral, o princípio da autonomia da vontade —, ela não parece passível de arredamento no campo justrabalhista, em que os princípios nucleares são de natureza e direção sumamente distintas."[14].

Por conseguinte, observa-se quão dissociada se encontra a via arbitral da realidade das relações de trabalho, porquanto pode ser induzido o empregado a celebrar cláusula compromissória sem ao menos saber que espécie de efeito poderá decorrer do indigitado pacto; sem sequer ter conhecimento a respeito do fato de que, celebrada a avença, não poderá recorrer à Justiça do Trabalho, devendo contentar-se, a partir de então, com o árbitro escolhido pelo empregador, que seguramente não porta a imparcialidade inerente ao ofício arbitral.

Como, no caso, estamos diante de *barreira objetiva* de acesso à Justiça do Trabalho, temos por certo que é de todo inaplicável a arbitragem no campo das relações de trabalho.

Por sua vez, inclina-se a jurisprudência trabalhista pela inadmissibilidade da arbitragem no que concerne aos conflitos individuais do trabalho.[15]

---

(14) Cf. *Curso de Direito do Trabalho*, p. 213.

(15) "1. DIREITO DO TRABALHO. ARBITRAGEM. DISSÍDIOS INDIVIDUAIS. IMPOSSIBILIDADE. Na esteira da flexibilização dos direitos trabalhistas, a Constituição Federal admite a arbitragem com instrumento de solução para conflitos coletivos do trabalho (art. 114, §§ 1º e 2º). Este instituto não se aplica, porém, no âmbito dos direitos individuais trabalhistas. Mais do que ausência de previsão legal, há incompatibilidade insanável da arbitragem com os princípios norteadores do direito do trabalho, especialmente os da irrenunciabilidade e indisponibilidade dos direitos trabalhistas. 2. Sentença arbitral. Renúncia. Direitos indisponíveis. Impossibilidade. A doutrina e a jurisprudência trabalhista tem se pautado pela necessidade de interpretação restritiva dos atos de renúncia a direitos trabalhistas no curso da relação de emprego. Parte-se da presunção de que enquanto perdura o contrato de trabalho, além da subordinação ao empregador, o empregado, na maioria das vezes, dele depende economicamente, situação que o coloca em permanente estado de coação, o que invalida o ato jurídico. Ainda que se admitisse a arbitragem para solução de conflitos individuais trabalhistas, a Lei n. 9.307/96, expressamente prevê em seu art. 25 que, sobrevindo controvérsias acerca de direitos indisponíveis, devem ser remetidas as partes à autoridade competente do poder judiciário. Não subsiste, então, sentença arbitral que decide sobre tais direitos. 3. Arbitragem. Conselho arbitral. Territorialidade. À ausência de previsão legal, decide-se por analogia e eqüidade a controvérsia acerca da área de atuação de conselho ou comissão de arbitragem (CLT, art. 8º, *caput*). Para tanto, considerando-se os critérios de partição de competência jurisdicional, em razão do lugar, e da base territorial das organizações sindicais, é inválido o ajuste por intermédio de conselho arbitral de outra unidade da federação. Demais, do ponto de vista sociológico há que se levar em conta a realidade social em que estão inseridos trabalhador e empresa, especialmente no que se refere aos aspectos fáticos da demanda. Portanto, o conselho arbitral do Estado de São Paulo não tem abrangência sobre o Distrito Federal" (TRT 10ª R. – RO 00390/2002 – 1ª T. – Relª Juíza Elaine Machado Vasconcelos – DJU 30.08.2002).

"QUITAÇÃO. VALIDADE. ARBITRAGEM. CONFLITOS INDIVIDUAIS. DIREITOS INDISPONÍVEIS. DESCABIMENTO. Silente, deliberadamente, a Constituição quanto ao cabimento da arbitragem para a solução dos conflitos trabalhistas individuais e dadas: (a) a natureza da legislação que a regula, de direito especial (Direito Comercial), não subsidiário do Direito do Trabalho (CLT, art. 8º, parágrafo único); (b) a inexistência de omissão e compatibilidade desse instituto com as normas processuais do Título X da CLT (art. 769); (c) a ineficácia dos pactos infringentes de normas de proteção ao trabalho (CLT, art. 444); (d) a ilicitude de alteração contratual prejudicial ao empregado (CLT, art. 468) e (e) a irrenunciabilidade de direitos indisponíveis no curso do contrato, sem norma

4.2.3. O Princípio do Direito de Ação e o Art. 852-B, II, da CLT

Com vistas a atingir a almejada rapidez, foi criado o procedimento sumaríssimo no âmbito do processo do trabalho para causas cujo valor não exceda a 40 vezes o salário mínimo vigente na da ta do ajuizamento da ação e desde que não figure em qualquer pólo da demanda a administração pública direta autárquica e fundacional.

As discussões sobre a inconstitucionalidade do procedimento sumaríssimo rondam o comando disposto no art. 852-B e inciso II, da Consolidação das Leis do Trabalho, que conta com a seguinte redação: "Art. 852-B. Nas reclamações enquadradas no procedimento sumaríssimo: I – (...); II – *não se fará citação por edital, incumbindo ao autor a correta indicação do nome e endereço do reclamado*".

Por sua vez, consigna o § 1º do mencionado dispositivo que "*o não-atendimento, pelo reclamante, do disposto nos incisos I e II deste artigo importará no arquivamento da reclamação e condenação ao pagamento de custas sobre o valor da causa*".

Ora, como se impor ao ex-empregado o encargo quanto a descobrir onde está localizada a empresa, fixando-se, inclusive, a extinção do processo sem resolução de mérito, caso não atenda à determinação legal?

Duas alternativas surgem: ou se requer, incidentalmente, seja declarada a inconstitucionalidade da exigência feita pelo § 1º do art. 852-B, da CLT, por ignominiosa transgressão ao princípio da ubiqüidade, para, após, solicitar a citação por edital da empresa acionada, ou, alternativamente, se requer a conversão do rito para o procedimento ordinário, o qual admite a citação editalícia, tal como já se pronunciou a jurisprudência trabalhista.(16)

4.2.4. O Princípio do Direito de Ação e o "Comum Acordo" para Instauração de Dissídio Coletivo Econômico

No contexto da negociação coletiva, caso seja frustrada, as partes poderão eleger árbitros (§ 1º, art. 114).

---

expressa que o autorize (CLT, art. 9º), inafastável a submissão das lides interindividuais ao controle judicial" (TRT 2ª R. – RO 20000358392 – (20010489180) – 7ª T. – Rel. Juiz Luiz Carlos Gomes Godoi – DOESP 14.09.2001).

(16) "PROCEDIMENTO SUMARÍSSIMO. EMPREGADOR EM LOCAL INCERTO E NÃO SABIDO. CONVERSÃO DO RITO. CITAÇÃO POR EDITAL. POSSIBILIDADE. Em existindo nítida evidência de que está o empregador em local incerto e não sabido, não se aplica o contido no disposto no § 1º do inciso II do art. 852-B da CLT, a ensejar a extinção do processo sem julgamento do mérito e conseqüente arquivamento. Deve, nessa hipótese, o Juiz converter o feito para o rito ordinário e determinar a citação por edital, garantindo ao autor o direito de ação constitucionalmente previsto" (TRT 15ª R. – Proc. 12468/02 – (7507/02) – 2ª T. – Relª Juíza Mariane Khayat Fonseca do Nascimento – DOESP 04.07.2002 – p. 18).

Todavia, prevê o § 2º do art. 114, alterado pela EC n. 45/04, que recusando-se qualquer das partes à negociação coletiva ou à arbitragem, é facultado às mesmas, de comum acordo, ajuizar dissídio coletivo de natureza econômica, podendo a Justiça do Trabalho decidir o conflito, respeitadas as disposições mínimas legais de proteção ao trabalho, bem como as convencionadas anteriormente.

O preceptivo encerra evidente inconstitucionalidade.

Deveras, a instauração da instância no âmbito de dissídio coletivo de natureza econômica se encontra, a partir da promulgação da EC n. 45/04, condicionada ao que o constituinte derivado resolveu denominar "comum acordo". Embora não se exija o comum acordo com relação aos denominados dissídios coletivos de natureza *jurídica*, que são aqueles destinados à interpretação, pela Justiça do Trabalho, do conteúdo de cláusulas de acordo, convenção ou sentença normativa, ainda assim descamba a norma constitucional para a inconstitucionalidade, porquanto, de acordo com a locução constitucional, somente será admissível a instauração de instância em tema de dissídio coletivo econômico se ambas as partes envolvidas (sindicatos de categoria profissional e econômica) se propuserem a, de comum acordo, remeter a solução à Justiça do Trabalho.

Mesmo sabendo-se que não houve restrição à iniciativa quanto aos dissídios coletivos de natureza jurídica (que se destinam à interpretação de normas coletivas coletivas em vigor), concluímos que a alteração promove ofensa a cláusula constitucional intangível, no caso o art. 60, § 4º, IV, da Constituição de 1988.

Sem dúvida, os direitos e garantias individuais não se põem à possibilidade de alteração que lhes diminua o espectro ou, pior ainda, os suprima.

E, no plexo das garantias individuais, reconhece-se o elevadíssimo alcance do princípio do direito de ação, da inafastabilidade do controle judicial, ou ainda o princípio da ubiqüidade, consignado no art. 5º, XXXV, segundo o qual "a lei não excluirá da apreciação do Poder Judiciário lesão ou ameaça a direito".

É indiscutível que a efetividade dos direitos fundamentais no Brasil restaria inapelavelmente afastada se não se admitisse o recurso pleno, direto, aberto, fácil e expedito ao Poder Judiciário.

É certo, por outro lado, que sustém-se no campo doutrinário a tese de inadmissibilidade da incidência do art. 5º, XXXV, da Constituição no tocante às emendas constitucionais diante da literalidade do dispositivo, que alude a *lei*.

Não obstante, serve-se a interpretação constitucional habitualmente do princípio da coloquialidade, a patentear a necessidade de o intérprete — quando em dúvida entre a opção pela acepção técnica ou coloquial de uma palavra posta na Constituição — escolher a expressão forjada no lugar-comum do povo, notadamente quando a expressão de que se trata encontra-se inserida no conjunto dos direitos e garantias fundamentais, que se reservam aos indivíduos.

É verdade que o Excelso Supremo Tribunal Federal foi instado a se pronunciar acerca da inconstitucionalidade do dispositivo por meio de diversas ações diretas de inconstitucionalidade, no caso as de ns. 3.423, 3.431, 3.432 e 3.520, sendo relator de todas as ações o Ministro Cezar Peluso, que ainda não decidiu acerca da concessão das liminares, presumivelmente com o propósito de viabilizar maior discussão no altiplano dos órgãos jurisdicionais trabalhistas — aqueles que, de ordinário, têm maior condição de contribuir para o debate acerca de tão importante tema.

Nessa linha de compreensão, impende considerar que a doutrina sufraga a tese de inconstitucionalidade de lei obstativa de acesso ao Poder Judiciário, não quando simplesmente fixa a norma processual condição da ação a ser atendida, ou mesmo pressuposto processual, como ocorreu com a Lei da Arbitragem ao prever a cláusula compromissória. De modo induvidoso, convergem os doutrinadores para o entendimento da incompatibilidade vertical da lei com o princípio do direito de ação *quando se demonstra a existência de barreira objetiva de acesso ao Poder Judiciário.*

André Ramos Tavares acentua que "o princípio em questão significa que toda controvérsia sobre direito, incluindo a ameaça de lesão, não pode ser subtraída da apreciação do Poder Judiciário. Sob esse enfoque, o comando constitucional dirige-se diretamente ao legislador, que não pode pretender, por meio de lei, delimitar o âmbito de atividade do Poder Judiciário, até porque uma ocorrência dessas chocar-se-ia frontalmente com o princípio maior da separação de poderes".(17)

De nossa parte, entendemos que, sem embargo de o relator das ações, Min. Cézar Peluso, não ter se pronunciado até momento a respeito da argüição, a alteração feita pela EC n. 45/04 é inconstitucional por construir barreira objetiva de acesso à Justiça do Trabalho relativamente aos dissídios econômicos.

Inegavelmente, condicionar ajuizamento de dissídio coletivo econômico ao comum acordo entre sindicatos de categoria profissional e econômica é o mesmo que impedir seja o tema conduzido à apreciação do Tribunal do Trabalho, pois o antagonismo comprovado na superação da fase negocial e da recusa à arbitragem — que, de resto, neste último caso, raramente foi aplicada no contexto do direito coletivo do trabalho no Brasil —, natural e inexoravelmente obstará ao atendimento da exigência. Se o acordo não foi atingido no instante da solução negociada, que motivo fará com que os sindicatos em

---

(17) Cf. *Curso de Direito Constitucional*, p. 498.

litígio remetam *consensualmente* a solução à Justiça do Trabalho? Melhor andaria o constituinte derivado se tivesse extinto, de uma vez, o poder normativo da Justiça do Trabalho, e não incoerentemente preservá-lo, apenas no plano formal da Constituição e extingui-lo, de fato, como fez.

E então, o que vem acontecendo na Justiça do Trabalho?

Cientes da impossibilidade de instauração de instância quanto a dissídios coletivos econômicos, os sindicatos profissionais lançam mão de artifício, conduzindo à Justiça do Trabalho pleito de apreciação de dissídio coletivo jurídico, quando, na verdade, é essencialmente pretensão de natureza econômica que é trazida na ação coletiva. Andariam melhor as entidades sindicais se suscitassem dissídio coletivo de natureza econômica e aduzissem, logo na petição inicial, *incidenter tantum*, a inconstitucionalidade do § 2º do art. 114, da Constituição.

É claro que o magistrado trabalhista ou membro do Ministério Público do Trabalho pode suscitar, de ofício, a inconstitucionalidade do preceito; todavia, convém que a parte interessada aduza, desde a gênese da relação jurídica processual coletiva, a matéria pertinente à incompatibilidade do dispositivo constitucional.

Frise-se, de mais a mais, que o Ministério Público do Trabalho não poderá instaurar instância em qualquer no caso de deflagração de toda e qualquer greve, visto que a nova redação atribuída ao § 3º do art. 114 refere somente às hipóteses de movimentos paredistas ocorridos em atividades consideradas essenciais, e mesmo assim desde que, a juízo do membro do *parquet* e do Judiciário Trabalhista, haja possibilidade de lesão do interesse público.

Com isso, sucedeu o fenômeno da *inconstitucionalidade superveniente*(18) no que concerne à redação do art. 83, VIII, da Lei Complementar n. 75/93 (Lei Orgânica do Ministério Público da União).

Se o dispositivo denota que se inclui dentre as atribuições do Ministério Público do Trabalho a de "instaurar instância em caso de greve, quando a defesa da ordem jurídica ou o interesse público assim o exigir", é correto concluir, diante do enunciado constitucional evidentemente restritivo à iniciativa do MPT, que o dispositivo da LC n. 75/93 está em rota de colisão com o novo comando constitucional.(19)

Por fim, vale ressaltar que o comando constitucional terminou por criar uma excrescência jurídica, que foi a figura do *litisconsórcio ativo necessário*,

---

(18) O fenômeno da *inconstitucionalidade superveniente* ocorre quando a norma infraconstitucional, uma vez editada, encontra-se em perfeita sintonia com a Constituição; no entanto, diante de alteração *superveniente* consumada no texto constitucional por meio de emendas, aquela lei ordinária, à vista do seu próprio conteúdo, converte-se em enunciado inconstitucional.

(19) Cf. SIMON, Sandra Lia, *A Ampliação da Competência da Justiça do Trabalho e o Ministério Público do Trabalho*, p. 344.

porque suscitante e suscitado, que equivalem a autor e réu, estão doravante obrigados a comparecer juntos quando da instauração da instância.

O Tribunal Superior do Trabalho, tencionando solucionar o impasse relativo à esdrúxula constituição de *litisconsórcio ativo necessário*, mitigou o rigor da cláusula do comum acordo ao reconhecer a possibilidade de o suscitante ingressar isoladamente com o dissídio econômico, desde que, promovida a notificação do suscitado, venha ele a concordar com a instauração da instância, entendimento que, *data maxima venia*, conquanto possa solucionar o problema referente ao insólito "litisconsórcio ativo necessário", não afasta a evidente inconstitucionalidade do dispositivo.

Há jurisprudência, no entanto, que se inclina para a compatibilidade da *cláusula do comum acordo* com a Constituição de 1988.[20]

---

(20) "DISSÍDIO COLETIVO n. 00837-2005-000-05-00-4-DC – Suscitante: Suzano Bahia Sul Papel e Celulose S.A – Suscitado: Sindicato dos Trabalhadores Nas Indústrias do Papel, Celulose, Pasta de Madeira Para Papel, Papelão, Cortiça, Artefatos de Papel, Madeira e Assimilados do Estado da Bahia – SINDICELPA – Relator: Desembargador LUIZ TADEU LEITE VIEIRA – DISSÍDIO COLETIVO – Extingue-se sem julgamento do mérito, o Dissídio Coletivo de natureza econômica ajuizado apenas por uma das partes participantes da negociação coletiva, sem a concordância do outro demandado. Aplicação do principio constitucional insculpido no § 2º do art. 114 da Constituição Federal, introduzido pela Emenda Constitucional n. 45/2004. SUZANO BAHIA SUL PAPEL E CELULOSE S/A instaurou DISSÍDIO COLETIVO contra Sindicato dos Trabalhadores Nas Indústrias do Papel, Celulose, Pasta de Madeira Para Papel, Papelão, Cortiça, Artefatos de Papel, Madeira e Assimilados do Estado da Bahia – SINDICELPA, pelas razões expendidas às fls. 01/13. Regularmente notificado o Sindicato suscitado compareceu à audiência de negociação. Proposta de conciliação sem êxito. O Suscitado apresentou defesa às fls.149/164, replicadas pelo Suscitante às fls. 605/634. O Ministério Público emitiu parecer às fls. 638/651. Teve vista o Exmº Desembargador Revisor. É o relatório. VOTO: PRELIMINAR DE EXTINÇÃO DO PROCESSO: Argüida pelo Sindicato suscitado, ao fundamento de que não concorda com o Dissídio Coletivo instaurado pela suscitante, no qual pretende que seja julgada a sua proposta para solução do impasse criado na negociação coletiva iniciada entre as partes. Aduz que sempre se manifestou favorável em manter os canais de negociação abertos e que a via do diálogo entre capital e trabalho é mais positivo, devendo avançar o processo negocial através da representação dos trabalhadores, sem a interferência do Órgão Judiciário. A matéria atrai a incidência do § 2º do art. 114 da Constituição Federal, que tem a seguinte redação: "Recusando-se qualquer das partes à negociação ou à arbitragem, é facultado aos respectivos sindicatos ajuizar dissídio coletivo, podendo a Justiça do Trabalho estabelecer normas e condições, respeitadas as disposições convencionais e legais, decorrentes das sentenças que proferir." Da leitura da regra constitucional resta claro que a exigência do "comum acordo" das partes para a instauração do Dissídio Coletivo é imperativa, especialmente em se tratando de dissídios coletivos de natureza econômica. A exigência da conversão da vontade das partes é, pois, condição para ajuizamento de ação. É como se o legislador tivesse conferido às partes outra opção para a resolução do impasse, a arbitragem judicial ou arbitragem pública, como denominam alguns doutrinadores. Assim, esgotadas as negociações coletivas e, se as partes não tiverem interesse na arbitragem privada, poderão de comum acordo, optarem pela arbitragem judicial, e aí devem se sujeitar ao poder normativo da Justiça do Trabalho. Saliente-se que essa regra somente é aplicável aos dissídios de natureza econômica porque não teria qualquer sentido a determinação de tal pressuposto processual para os casos de dissídio de greve, uma vez que seria inadmissível se esperar a existência de comum acordo ente as partes que estão com os ânimos acirrados em razão da paralisação. E isto se verifica com maior exatidão no próprio texto constitucional que previu a hipótese também da iniciativa do Ministério Público de ajuizar dissídio coletivo de greve, quando a iniciativa não for tomada por nenhuma das partes interessadas. Este Egrégio Tribunal, já se manifestou sobre a matéria quando do julgamento do Dissídio Coletivo 00247-2005-000-05-00-1, através do Acórdão n. 6.395/05, da lavra da eminente Desembargadora Maria Adna Aguiar, cuja ementa é a seguinte: "Recusando-se

4.2.5. O Princípio do Direito de Ação e o Art. 732, da CLT

Tema que tem despertado a atenção é o relativo à (in) constitucionalidade do art. 732, da CLT.

Observe-se o comando do preceito anterior e que com ele guarda conexão: "Aquele que, tendo apresentado ao distribuidor reclamação verbal, não se apresentar, no prazo estabelecido no parágrafo único do art. 786, à Junta ou Juízo para fazê-la tomar por termo, incorrerá na pena de perda, pelo prazo de 6 (seis) meses, do direito de reclamar perante a Justiça do Trabalho".

E o art. 732: "Na mesma pena do artigo anterior incorrerá o reclamante que, por 2 (duas) vezes seguidas, der causa ao arquivamento de que trata o art. 844".

Trata-se de odiosa ofensa ao princípio do direito de ação.

É claro que nenhuma norma processual, mais ainda se inserta nos domínios de um processo destinado a concretizar direitos sociais do trabalhador, poderá admitir a existência de comando obstativo ao exercício do direito de ação tão-só em virtude de o reclamante, por qualquer razão, ter deixado de comparecer a duas audiências relativas a processos anteriormente instaurados.

Manoel Antonio Teixeira Filho salienta ainda que "(...) sabendo-se, que, no caso, a 'reclamação'corresponde à ação, em seu conceito clássico, isso significa que o precitado (e, sem dúvida, malsinado) dispositivo legal está a asseverar que se o trabalhador der causa a duas extinções do processo, sem exame do mérito, terá suspenso, por seis meses, o exercício do seu direito

---

qualquer das partes à negociação ou à arbitragem, é facultado aos respectivos sindicatos ajuizar dissídio coletivo, podendo a Justiça do Trabalho estabelecer normas e condições, respeitadas as disposições convencionais e legais, decorrentes das sentenças que proferir" (grifo nosso). Inteligência do parágrafo 2º, do art. 114, da CF/88, com redação dada pela EC n. 45/2004. Sobre a matéria vale transcrever artigo do eminente Juiz Maurício Godinho Delgado: "Com a promulgação da Emenda Constitucional n. 45/04, verifica-se que o Poder Normativo atribuído à Justiça do Trabalho restou quantitativamente reduzido e qualitativamente alterado, na medida em que: apenas de comum acordo, o dissídio coletivo poderá ser ajuizado, o que faz das Cortes Trabalhistas verdadeiras Cortes de Arbitragem, pois a característica própria da arbitragem é a livre eleição das partes (...); e que os únicos dissídios coletivos genuínos serão aqueles propostos pelo Ministério Público, nos casos de greve em serviços essenciais, que comprometam o interesse público. A alteração constitucional parece salutar, na medida em que se promove dentro do contexto de valorização da composição dos conflitos coletivos, de preferência diretamente pelas partes envolvidas, que são as que melhor conhecem as condições de trabalho e a situação por que passa o setor produtivo em questão". (Artigo veiculado no Suplemento Especial "O Trabalho", abril/05), n. 98. Por tais razões, entendo faltar a presente ação requisito essencial de admissibilidade, devendo, por isso, ser extinta sem julgamento do mérito, nos termos do inciso VI, do art. 276 do CPC, de aplicação subsidiária ao processo do trabalho. ACOLHO A PRELIMINAR E EXTINGO O PROCESSO SEM JULGAMENTO DO MÉRITO NOS TERMOS DO INCISO VI, DO ART. 276 DO CÓDIGO DE PROCESSO CIVIL. Acordam os Desembargadores da SEDC do Tribunal Regional do Trabalho da 5ª Região, à unanimidade, acolher a preliminar e EXTINGUIR O PROCESSO SEM JULGAMENTO DE MÉRITO, nos termos do inciso VI, do art. 276, do Código de Processo Civil. Salvador, 26 de setembro de 2005. LUIZ TADEU LEITE VIEIRA Desembargador Relator".

constitucional de ação! Considerando-se que a CLT entrou a viger em 1943, e como a garantia do exercício do direito de ação foi assegurado já pela Constituição de 1946 (art. 141, § 4º), fica evidenciada, por essa cronologia, e por elementar princípio de direito, que o art. 732, da CLT, foi tacitamente revogado pelo art. 141, § 4º, da Constituição Federal de 1946 — que, é justo mencionar, redemocratizou a vida do País".[21]

No entanto, examinada a jurisprudência trabalhista, encontra-se número expressivo de decisões que seguem a tese da validade do art. 732 consolidado.[22]

---

(21) Cf. *Princípios Constitucionais do Processo do Trabalho*, p. 13.

(22) "RECURSO ORDINÁRIO N.: 01.20.99.1232-50 – Recorrente: O CASEBRE BAR E RESTAURANTE LTDA. – Recorrido: NELSON BEZERRA DA LUZ – Relator: Juiz ODIMAR LEITE – ementa – *Incorre na perda do direito de reclamar na Justiça do Trabalho, pelo prazo de seis meses, o Reclamante que der causa a duplo arquivamento, pela sua ausência injustificada na audiência inaugural.*

O CASEBRE BAR E RESTAURANTE LTDA. no processo em que litiga com NELSON BEZERRA DA LUZ, inconformado com a sentença de fls. 29 que arquivou o auto de infração, interpõe Recurso Ordinário (fls. 33/34). Não houve contra-razões. Emitiu parecer a Procuradoria (fls. 40/41). Teve vista a Exma. Juíza Revisora. É o relatório. VOTO: Busca o Recorrente reforma do Julgado, por entender que, em se tratando de requerimento para verificação e aplicação da penalidade prevista no art. 732 da CLT ao Reclamante que, por duas vezes dá causa ao arquivamento da reclamação, não se utiliza a regra insculpida no art. 844 da CLT, que se refere, especificamente, à reclamação trabalhista. Trata o art. 732 da CLT da perempção da instância, ou seja, da perda do direito do Autor de reclamar perante na Justiça do Trabalho, pelo prazo de seis meses, quando, por duas vezes seguidas, dá causa ao arquivamento da reclamação pelo seu não comparecimento à audiência em que deveria depor. Tal preceito, diversamente do que entendido pelo Juízo de origem, não envolve interesse, apenas, da parte que denunciou o ato do Reclamante e pode vir a se beneficiar com a aplicação da penalidade, pois sendo preceito de ordem pública, tem o escopo de conferir aos jurisdicionados a segurança e estabilidade jurídicas necessárias ao bem comum, demonstrando, ainda, que o processo é o instrumento pelo qual o Estado se utiliza para entrega da prestação jurisdicional pleiteada, não sendo possível à parte acionar a máquina judiciária e manter-se inerte quando a lei lhe determina a prática de algum ato processual. Assim, a instauração do auto de infração, conquanto possa ser feita pela parte interessada, é dever do Estado, independentemente de provocação, e, por este motivo, não cabe a aplicação das regra prevista no art. 844 da CLT, que se refere ao ajuizamento de reclamação trabalhista. No caso dos autos, conquanto tenha o Reclamado juntado a ata de arquivamento da reclamação n. 01.16.99.0295-01 (fl.15), não o fez em relação ao processo n. 01.24.98.0845-01, entretanto, por se tratar de matéria de ordem pública, converti o feito em diligência, para que fosse apurado o andamento do processo supracitado em relação ao Denunciado, o que se concretizou através da certidão de fl. 43, exarada pela servidora deste Gabinete, que, trouxe aos autos cópia da ata respectiva, como faz prova o documento de fls. 44/45, onde efetivamente fica demonstrada a ausência do Autor também naquela ação. Regularmente citado neste feito (fl.28), o Reclamante não se fez presente à audiência (fl.29) para oferecer sua defesa, razão pela qual, entende-se que as ausências declaradas nas ações já referidas foram injustificadas, daí porque a aplicação da penalidade insculpida no art. 732 da CLT é medida que se impõe. Em razão desses fatos, perde o Sr. NELSON BEZERRA DA LUZ, pelo prazo de seis meses, contados a partir do trânsito em julgado dessa decisão, o direito de reclamar perante a Justiça do Trabalho. Ante o exposto, DOU PROVIMENTO ao recurso, para afastando a aplicação do art. 844 da CLT, considerar injustificadas as ausências do Sr. Nelson Bezerra da Luz nos processos ns. 01.24.98.0845-01 e 01.16.99.0295-01 e fixar-lhe a pena de perda, pelo prazo de seis meses, contados a partir do trânsito em julgado dessa decisão, do direito de reclamar perante a Justiça do Trabalho. Acordam os Juízes da 3ª. TURMA do Tribunal Regional do Trabalho da 5ª Região, à unanimidade, DAR PROVIMENTO ao recurso para afastando a aplicação do art. 844 da CLT, considerar injustificadas as ausências do Sr. Nelson Bezerra da Luz nos processos ns. 01 24 98 0845-01 e 01 16 99 0295-01 e fixar-lhe a pena de perda, pelo prazo de seis meses, contados a partir de trânsito em julgado dessa decisão, do direito de reclamar perante a Justiça do Trabalho".

Capítulo 5

O PRINCÍPIO DA ISONOMIA E O PROCESSO DO TRABALHO

5.1. Justificativa

Não são poucas e distintas as discussões que se operam no processo do trabalho a respeito de eventuais ofensas ao princípio da isonomia.

Tratam-se habitualmente de controvérsias relativas a leis editadas pelo Congresso Nacional nas quais se inserem prerrogativas à Fazenda Pública, Ministério Público ou contingente tratamento diferenciado às partes no âmbito do processo do trabalho.

O objetivo deste Capítulo é relacionar as principais discussões havidas em torno ao tema, e, posteriormente, indicar a nossa posição acerca do assunto, bem assim a tendência do julgamento pelos tribunais trabalhistas.

Antes, porém, será necessário percorrer noções conceituais a respeito do direito de igualdade e da cláusula constitucional antidiscriminatória assentada no art. 3º, IV e art. 5º, I, *caput*, da Constituição de 1988.

5.2. Aspectos conceituais sobre a discriminação. Discriminação legítima e ilegítima

O art. 3º, IV, da Constituição Federal preceitua que "constituem objetivos fundamentais da República Federativa do Brasil: I – (...); IV – promover o bem de todos, sem preconceitos de origem(1), raça(2) sexo, cor, idade(3) e quaisquer outras formas de discriminação".

Por outro lado, acentua o art. 5º, *caput*, que "*todos são iguais perante a lei, sem distinção de qualquer natureza*, garantindo-se aos brasileiros e estrangeiros residentes no País a inviolabilidade do direito à vida, à liberdade, *à igualdade* (...)".

Perfazem, assim, os comandos constitucionais descritores do princípio da igualdade em sua acepção genérica.

Mas a igualdade é perseguida pela Constituição em outros domínios da atividade humana, como no contexto das relações de trabalho(4) (art. 7º, incisos XXX, XXXI, XXXII e XXXIV); dos direitos da nacionalidade, vedando-se tratamento distinto entre brasileiros natos e naturalizados, salvo as hipóteses descritas nas normas constitucionais (§ 2º, art. 12); dos direitos políticos, atribuindo-se idêntico valor ao voto — *one man one vote*, como difundido pelos anglo-saxões – (art. 14, *caput*); nas relações do Estado com o contribuinte, consolidando o princípio da igualdade no campo tributário (art. 150, II, e art. 152); a igualdade para o exercício de atividade econômica, traduzindo-se na redução das desigualdades sociais e regionais e na impossibilidade de concessão de privilégios aos entes paraestatais (art. 170, VII, e § 2º do art. 173,

---

(1) A discriminação com base na origem significa tomar por critério discriminatório ilegítimo: i) o local de nascimento; ii) a origem étnica da pessoa. Gregório de Matos, com a sua conhecida e refinada ironia, sintetiza poeticamente tais práticas: "Senhora Dona Bahia/ Nobre e opulenta cidade/ Madrasta dos naturais/ E dos estrangeiros madre/ Dizei-me por vida vossa/ Em que fundais o ditame/ De exaltar os que aqui vêm/ E abater os que aqui nascem?" (cf. Poemas Escolhidos)

(2) Ver Leis ns. 7.716/89; 8.081/90 e 9.459/97, que definem crimes resultantes de preconceitos de raça ou cor.

(3) "É proibida qualquer discriminação, em razão da idade, para o ingresso em cargo público da Administração direta, autárquica ou fundacional. Norma legal que fixava o limite máximo de 35 anos não foi recepcionada, somente se admitindo o de 70 anos" (STJ, RDA ns. 184/131 e 184/141). E é importante esclarecer que a jurisprudência invocada torna legítima a restrição relativa aos 70 anos em virtude de a Constituição de 1988 fixar como esta a idade-limite para permanência no serviço público, quando então deverá ser aposentado compulsoriamente o servidor.

(4) "DISCRIMINAÇÃO. VEDAÇÃO CONSTITUCIONAL/LEGAL. A Constituição veda a discriminação, como se lê no inciso XXXI do art. 7º. Proibição de qualquer discriminação no tocante a salário e critérios de admissão do trabalhador portador de deficiência. Se veda-se a discriminação na admissão, tem-se que a demissão determinada pelas mesmas razões assume natureza também discriminatória. A Lei n. 9.029, de 1995 cuidou expressamente do rompimento da relação de trabalho por ato discriminatório por motivo de sexo, origem, raça, cor, estado civil, situação familiar ou idade, assegurando o direito à readmissão, passível de substituição, a critério do ofendido, em remuneração dobrada de todo o período de afastamento. Por sua vez, a Convenção n. 159 da OIT, cujo texto foi aprovado através do Decreto Legislativo n. 51, de 25 de agosto de 1989 e ratificada em 18 de maio do mesmo ano, promulgada pelo Decreto n. 129 de 22 de maio que integra nosso ordenamento jurídico, cuida da reabilitação de pessoa deficiente, conceituada como tal aquela cuja possibilidade de obter e conservar um emprego adequado e de nele progredir fique substancialmente reduzida por causa de uma deficiência de caráter físico ou mental devidamente reconhecida. Já a Recomendação n. 168 da OIT que a complementa, estabelece que os deficientes devem dispor de igualdade de tratamento e de oportunidades, relativamente ao acesso, conservação e promoção em um emprego" (TRT 2ª R. – RO 19990521886 – (20010192446) – 8ª T. – Rel. p/o Ac. Juiz José Carlos da Silva Arouca – DOESP 22.05.2001).

respectivamente); e, por fim, na igualdade de condições para acesso e permanência na escola (art. 206, II).

E como deflui da leitura dos dispositivos, de modo específico dos arts. 3º, IV, e 5º, *caput*, a Constituição veda qualquer comportamento tendente à transgressão do princípio da igualdade.

Mas, para bem compreender o princípio em questão, é importante desvendar quem são os iguais e quem são os desiguais.

Sim, porque, ultrapassado o modelo de Estado burguês, que se ocupava da dimensão meramente formal do postulado isonômico, passou o ente estatal a interferir na vida em sociedade para efetivar a isonomia de natureza substancial, que vem a ser a intervenção do Estado para, ao reconhecer diferenças essenciais entre os indivíduos, tratar igualmente os iguais e desigualmente os desiguais, na medida das suas desigualdades, segundo a célebre definição aristotélica.

Todavia, nem toda discriminação é reprovada pelo sistema constitucional.

Embora seja verdade que a norma constitucional condene a escolha dos critérios origem, raça, sexo, cor e idade para desequiparar as pessoas, não menos é que, em muitas situações, o recurso aos anteditos critérios termina por configurar até mesmo uma imposição ditada pela circunstância da vida.

Comportamentos há nos quais se poderá perceber facilmente que, conquanto discriminatórios, não se interdita a sua realização.(5)

Encontram-se, desse modo, as chamadas "discriminação legítima" e "discriminação ilegítima".

Toda vez que a discriminação é consumada em virtude de uma situação de fato que a determina, está-se diante da discriminação legítima; quando, todavia, não há correspondência entre o fator de desequiparação utilizado e uma circunstância de fato, observa-se a discriminação ilegítima.

Explica-nos *Celso Antônio Bandeira de Mello* que "(...) qualquer elemento residente nas coisas, pessoas ou situações pode ser escolhido pela lei como fator discriminatório, donde se segue que, de regra, não é no traço de diferenciação escolhido que se deve buscar algum desacato ao princípio isonômico

---

(5) Colhe-se a seguinte decisão: "EQUIPARAÇÃO SALARIAL. DISCRIMINAÇÃO EM RAZÃO DO SEXO. NÃO OCORRÊNCIA. NÃO PREENCHIMENTO DOS REQUISITOS DO ART. 461 DA CLT. NÃO CONCESSÃO. Não há que se falar em discriminação em razão do sexo quando as funções exercidas pelas partes levam em consideração as reais condições do sexo masculino e feminino, com diferentes peculiaridades das condições. Agiganta-se ainda a impossibilidade de reconhecimento da identidade de funções, quando há expressa previsão no regramento jurídico. Ainda que assim não fosse, não se concede a equiparação salarial quando não preenchidos concomitantemente os requisitos previstos no art. 461 da CLT: Identidade de funções, trabalho de igual valor, mesmo empregador, mesma localidade, diferença de tempo de serviço não inferior a dois anos e inexistência de quadros organizados em carreira" (TRT 15ª R. – Proc. 24164/02 – (5870/03) – 2ª T. – Rel. Juiz Luís Carlos Cândido Martins Sotero da Silva – DOESP 21.03.2003 – p. 88).

(...). (...) as discriminações são recebidas como compatíveis com a cláusula igualitária apenas e tão-somente quando existe um vínculo de correlação lógica entre a peculiaridade diferencial acolhida por residente no objeto, e a desigualdade de tratamento em função dela conferida, desde que tal correlação não seja incompatível com interesses prestigiados na Constituição".[6]

Se, como no exemplo indicado pelo ilustre publicista, determinada região for assolada por epidemia, comprovando-se cientificamente que pessoas de uma determinada raça têm imunidade natural à enfermidade, seria ofensivo ao princípio da igualdade limitar o universo dos candidatos a auxiliares de enfermagem, enfermeiros ou médicos às pessoas daquela raça?[7] E, a resposta surge prontamente: é óbvio que não. A situação de fato impõe considerar a necessidade de restringir-se o universo dos candidatos aos indivíduos imunes à doença. E até mesmo no interesse da preservação da identidade física dos demais membros da coletividade, deve ser limitada àquele universo a inscrição para eventual concurso público voltado à seleção de profissionais da área de saúde.

Idêntica conclusão pode ser extratada no tocante a práticas discriminatórias perpetradas nos domínios das relações de trabalho. Imagine-se a circunstância em que determinado empregador deva escolher entre dois empregados de sexos diferentes a quem agraciará com promoção para exercício de cargo de diretoria em filial localizada num país que, reconhecida e notoriamente, impõe sérias restrições à presença feminina no mercado de trabalho (Arábia Saudita, por exemplo). Optando, como certamente optará, pelo empregado do sexo masculino, poderia se cogitar de desrespeito à isonomia por consumada a escolha com base no critério sexo? É certo que não, fundamentalmente porque a discriminação operada pela empresa está autorizada por uma situação da vida que compele a unidade à escolha de trabalhador do sexo masculino. O mesmo raciocínio pode ser utilizado para efeito de contratação de trabalhadores para exercerem atividade em filiais no exterior que possuam o singular problema mencionado. É certo que as admissões convergirão integralmente para empregados do sexo masculino, sem que isso proporcione qualquer agravo ao princípio da igualdade, estando legítima, destarte, a desequiparação consumada. Se, entretanto, por razões ditadas exclusivamente por idiossincrasias do empregador, nega a promoção ou impede a contratação da trabalhadora, a hipótese, sem dúvida, é de discriminação ilegítima, por não fundada em circunstância autorizativa do procedimento desequiparador. E não se restringem ao fator sexo as ocorrências discriminatórias legítimas e ilegítimas no âmbito da relação contratual de trabalho, já que o critério idade pode ser igualmente colhido, como na hipótese de empresa de moda que contrate apenas trabalhadores até um certo limite de idade para desfile de coleção dirigida ao público jovem. No caso, o discrímen foi legitimado pelo fato de que o evento se voltava a público de menor faixa etária, tornando

(6) Cf. *Conteúdo Jurídico do Princípio da Igualdade*, p. 17.

(7) *Idem*, p. 16.

conveniente (ou mesmo comercialmente necessária) a contratação de modelos em consonância com a faixa dos consumidores que se deseja conquistar. São inúmeras as hipóteses que autorizam e reprovam a discriminação no emprego; o que é decisivo para considerações sobre o assunto é reconhecer a insuficiência da regra genérica do art. 5º, *caput*, da Constituição para solucionar as graves incertezas que permeiam a discussão e, além disso, saber que a discriminação estará legitimada quando houver correlação lógica entre o fator de desequiparação e a situação da vida de que se trata (Ver, a respeito, nosso "Direitos Fundamentais e o Contrato de Trabalho", São Paulo, LTr, 2005).

5.3. Os prazos para a Fazenda Pública e o processo do trabalho

A discussão se inicia em virtude do comando do art. 884, *caput*, da CLT: "Garantida a execução ou penhorados os bens, terá o executado cinco dias para apresentar embargos, cabendo igual prazo ao exeqüente para impugnação".

Contudo, a MP n. 2.180-35 findou por incluir o art. 1º-B, na Lei n. 9.494/97, alargando o prazo para 30 dias em se tratando de oposição realizada pela Fazenda Pública.

Argumenta-se acerca da inconstitucionalidade do preceito por envolver ofensa ao princípio da igualdade.

É verdade que a jurisprudência se pronuncia quanto ao não cabimento do prazo diferenciado para embargos opostos em sede de execução de sentença no tocante aos entes públicos demandados na Justiça do Trabalho. E o faz em virtude de o processo do trabalho contar com disposição específica e também em razão da inconstitucionalidade da norma que estendeu o antedito prazo para 30 dias, nesse último caso à vista da inconstitucionalidade formal, pois a prerrogativa conferida à Fazenda Pública foi incluída em medida provisória.

Entretanto, não são uniformes os julgados no particular[(9)].

De nossa parte, parece-nos que a alteração promovida pela MP n. 2.180-35 para incluir o art. 1º-B, na Lei n. 9.494/97, nada tem de inconstitucional.

---

(8) "AGRAVO DE PETIÇÃO. FAZENDA PÚBLICA. PRAZO PARA INTERPOR EMBARGOS. Declarada a inconstitucionalidade da MP n. 1984/2000, 1ª edição, que atualmente recebe o n. 2.180/2001, pelo Órgão Especial desse Tribunal, o prazo para a oposição dos Embargos à Execução por ente público, no Processo do Trabalho, continua sendo de cinco dias a teor do art. 884, *caput*, da CLT" (TRT 4ª R. – AP 01127-1997-015-04-00-5 – 3ª T. – Rel. Juiz Ricardo Carvalho Fraga – J. 14.05.2003) (Ementas no mesmo sentido). Contudo: "EMBARGOS À EXECUÇÃO. PRAZO. I – É de trinta dias o prazo para embargos à execução, no processo trabalhista, em se tratando de ente público, sob a égide do art. 884, da CLT, com a redação conferida pela Medida Provisória n. 1984-25, de 21.12.2000 (DOU de 22.12.2000) — atualmente Medida Provisória n. 2.180-35, de 24.08.2001 (DOU de 27.08.2001) —, que acrescentou o art. 1º-B à Lei n. 9.494, de 10.09.1997, que versa sobre prerrogativas processuais da Fazenda Pública. II – Ressalvado o meu entendimento pessoal e de parte a manifesta inconstitucionalidade do preceito, em face da reserva legal do Congresso Nacional para editar norma de caráter processual (art. 22, I, da Constituição da República), conclui-se que, por força de interpretação sistemática, o prazo de trinta dias para oferecimento de embargos do devedor, de que trata o dispositivo em foco, foi alterado tão-somente para a hipótese em que o executado, no processo trabalhista, seja

Deveras, como vimos no subitem anterior, desde a célebre formulação aristotélica acerca do princípio da igualdade que se sabe que a verdadeira essência do postulado da isonomia é tratar igualmente os iguais e desigualmente os desiguais, na medida das suas desigualdades.

Sendo assim, o que se mostra de indeclinável exame é se, no particular, o legislador ordinário, ao prescrever o trintídio para oferecimento de embargos à execução por ente público, ofendeu a cláusula que protege o indivíduo contra tratamento discriminatório ilegítimo.

Em primeiro lugar, repise-se que nem toda discriminação é, *per se et se*, ilegítima.

Impõe-se que, de sorte a alcançar a conclusão acerca da ilegitimidade do comportamento discriminatório, certifique-se de que o critério utilizado para discriminar nenhuma relação porta com a situação da vida. Se, por exemplo, for eleito, de forma aleatória, um discrímen, torna-se óbvia a transgressão ao princípio isonômico.

Não é o que se sucede em hipóteses do gênero.

A Fazenda Pública, ao comparecer à relação jurídica processual, assume ônus e gravames que não se põem igualmente aos demais sujeitos parciais da lide, pois está invariavelmente premida pela pletora de processos e desproporcional número de servidores e procuradores para a realização do trabalho de defesa dos interesses da entidade pública.

Assim alinhavada a questão, não vislumbramos inconstitucionalidade alguma na atribuição de prazo específico para oposição de embargos à execução pela Fazenda Pública no processo do trabalho.

---

entidade pública, na medida em que a Lei n. 9.494, de 10.09.1997, cuida de normas processuais relativas aos entes estatais e o art. 730 do CPC regula justamente o procedimento dos embargos na execução contra a Fazenda Pública, até porque tanto a CLT quanto o Decreto-lei n. 779/69 nada dispõem sobre a matéria. Aliás, Medidas Provisórias anteriores referiam-se apenas ao art. 730 do CPC, sem qualquer alusão expressa à CLT, o que revela o propósito de favorecer somente as entidades públicas. Logo, o prazo para embargos à execução ou à penhora apresentados por pessoa de direito privado, no processo do trabalho, continua sendo de cinco (5) dias, à luz do art. 884 da Consolidação das Leis do Trabalho, da mesma forma que, no processo civil, o prazo para embargos do devedor, entidade privada, continua sendo de dez (10) dias (art. 738 do CPC). Aliás, seria no mínimo estranho que a pessoa jurídica de direito privado tivesse apenas 10 dias para embargar a execução, no processo comum, e o triplo desse prazo para tomar idêntica medida na Justiça do Trabalho, que se caracteriza pela celeridade processual. Todo raciocínio ilógico conduz ao absurdo" (TRT 8ª R. – AP 4351/2002 – 2ª T. – Rel. Juiz Vicente José Malheiros da Fonseca – J. 04.12.2002). E mais, aqui também impedindo o elastecimento do prazo: "AGRAVO DE PETIÇÃO. ENTE DE DIREITO PÚBLICO. EMBARGOS À EXECUÇÃO. PRAZO. Ao processo do trabalho aplica-se subsidiariamente o direito processual comum somente nos casos omissos. Assim sendo, uma vez que a Consolidação das Leis do Trabalho dispõe expressamente sobre o prazo de cinco dias para oposição de embargos à execução (art. 884), não há falar em aplicação supletiva do art. 730 do Código de Processo Civil, inexistindo razão legal para que se dê tratamento diferenciado ao ente público na fase executória, além daquele previsto no art. 100 da Constituição Federal" (TRT 13ª R. – AP 489/99 – (058556) – Rel. Juiz Francisco de Assis Carvalho e Silva – DJPB 13.01.2001).

E, de mais a mais, saliente-se que a regra da subsidiariedade não foi, a qualquer tempo, maculada no caso em apreço, notadamente porque o fato de se fixar prazo de trinta dias para embargos à execução opostos por ente público, em rigor, não determina incompatibilidade com o processo do trabalho, máxime porque o prazo outorgado não chega a comprometer a celeridade e o resultado útil do processo do trabalho, cujo calcanhar de Aquiles, reconhecidamente, é outro que não o art. 1º-B, da Lei n. 9.494/97, que concedeu o indigitado prazo.

E ainda mais para argumentar, se quiser-se discutir acerca da proscrição do princípio da proporcionalidade, de modo semelhante nada presenciamos de inconstitucional na previsão normativa, quer porque não houve, no caso, restrição excessiva a direito fundamental, quer porque não se impôs gravame indicativamente a determinado grupo.

5.4. O Princípio da Isonomia e a Prerrogativa do Art. 18, I, **A**, *da Lei Complementar n. 35, de 20 de Maio de 1993 (Lei Orgânica do Ministério Público da União)*

Eis o conteúdo do enunciado normativo: "São prerrogativas dos membros do Ministério Público da União: I – institucionais: a) *sentar-se no mesmo plano e imediatamente à direita dos juízes singulares ou presidentes dos órgãos judiciários perante os quais oficiem*".

Alguns defendem que a prerrogativa descrita no referido preceptivo alcança apenas a atuação do Ministério Público do Trabalho enquanto órgão-fiscal (*custos legis*), mas não na condição de órgão-agente, circunstância que determinaria a necessidade de o magistrado trabalhista promover tratamento paritário relativamente ao *Parquet* e às entidades que aciona na Justiça do Trabalho.

Parece-nos extravagante a distinção, *data maxima venia*.

Com evidência, o dispositivo das LC n. 75/93 não promove qualquer tipo de ressalva acerca de a prerrogativa ministerial se destinar ao Ministério Público do Trabalho quando atua na condição de órgão-agente ou como fiscal da lei.

Posto desta forma, e sabendo-se também que em todos os órgãos jurisdicionais do País, seja no âmbito da Justiça Cível ou Criminal, sempre se observa o assento do promotor localizado à direita do magistrado que preside os trabalhos, não haveria ponderação razoável que fizesse crer a existência de procedimento diferenciado com relação aos membros do Ministério Público do Trabalho.

Aliás, o que poderia parecer questão de reduzida importância termina assumindo foros de discussão de relevo, fundamentalmente porque a liturgia das sessões nos órgãos judiciários integram, com vigor, a própria história dos órgãos colegiados e, por outro lado, conformam de modo tão intenso a realização das sessões que não se admite que advogado assome à tribuna sem a respectiva beca ou que se utilize de pronome de tratamento inadequado.

Se é assim, como imaginar que o assento à direita, conferido como prerrogativa a membro do Ministério Público do Trabalho, possa ser referido como questiúncula no contexto da ritualística que comanda a realização de audiências e sessões de órgãos judiciários na Justiça do Trabalho?

Enfatize-se que a jurisprudência do Tribunal Superior do Trabalho é pacífica quanto à concessão da prerrogativa em qualquer hipótese, quer atue o Ministério Público do Trabalho como *custos legis* ou como parte.(9)

E, por último — mas não menos importante —, registramos trecho da decisão do Min. João Oreste Dalazen, exarada nos autos do processo n. TST-AC-95.147/2003-000-00-00.0, por meio da qual determinou a suspensão da Resolução Administrativa n. 119/2003 do Tribunal Regional do Trabalho da 3ª Região:

> "Ocioso recordar que, à custa de sangue, suor e lágrimas, vivemos hoje no Brasil em um Estado Democrático de Direito, em que prevalece o império da lei e no qual, por óbvio, pontifica o pleno e pronto acatamento às decisões judiciais. Diga-se de passagem, para o bem de todos, porque, como frisou *RUI*, 'sem lei, não há salvação'. Não é, decididamente, pois, como pensam e agem alguns, o império do arbítrio, tampouco o império das vaidades incontidas".
>
> "Já é em si mesmo prosaico que os Juízes do Trabalho decidam encampar uma disputa com o Ministério Público do Trabalho sobre a questão do assento em sala de audiência, a um tempo em que o próprio Direito do Trabalho e suas instituições estejam seriamente ameaçados".
>
> "Se a tanto se soma o desrespeito a uma decisão judicial, proferida por conta de tal matéria, tal conduta, sobre ser profundamente lamentável, assume feição de desobediência à ordem legítima de autoridade, conduta tanto mais grave quando se atende para a circunstância de emanar de magistrado do trabalho".
>
> "Imperativo, pois, pôr cobro de imediato a tal situação, mandando que se cumpra e que se faça cumprir a decisão ora objeto de reclamação, sob pena de responsabilidade penal e funcional".

Ante os termos da decisão do TST, não há o que se comentar.

---

(9) "MINISTÉRIO PÚBLICO. AÇÃO CIVIL PÚBLICA. PARTE. ASSENTO. O art. 18, inciso I, alínea '*a*', da Lei Complementar n. 75/93 definiu como uma das prerrogativas do representante do Ministério Público o assento à direita e em igual plano ao do Julgador da demanda. De outro lado, o art. 81 do CPC determina que ao Ministério Público compete, quando no exercício do direito de ação, os mesmos poderes e ônus atribuídos às partes e cumpre ao juiz assegurar o seu cumprimento, consoante o art. 125, inciso I, do CPC. No entanto, a sua incidência há de ser relativizada, porquanto obviamente não responde o Ministério Público pelo adiantamento de despesas, por custas e honorários, nem preparo em recurso, e, além disso, dispõe de prazos especiais para contestar e recorrer etc. Assim, se quando à ação civil pública há exceção ao princípio dispositivo, no que concerne às vantagens aludidas, há exceção ao princípio igualitário. Logo, deve o *parquet*, ainda que autor de ação civil pública, tomar assento à direita e em igual plano ao do juiz. Recurso desprovido" (TST – ROMS 564610 – TP – Rel. Min. Wagner Pimenta – DJU 07.06.2002).

Capítulo 6

O PRINCÍPIO DA PROIBIÇÃO DA PROVA ILÍCITA E O PROCESSO DO TRABALHO

6.1. Amplitude do direito individual

O problema das provas obtidas por meios ilícitos não é recente, tendo surgido no campo penal, quando o Estado passou a utilizar-se de violência para a confissão do acusado, da busca ilegal, da interceptação telefônica ou de correspondência. Nos tempos atuais, aumentaram consideravelmente as hipóteses de recurso à prova ilícita, seja com a espionagem industrial, briga entre cônjuges, "grampo" de telefones ou invasão de sistemas de informática para acesso a informações e ulterior utilização como meio de prova no processo.

Promana do art. 5º, LVI: "São inadmissíveis, no processo, as provas obtidas por meios ilícitos".

Não poderia mesmo ser diferente. Se o processo judicial deve ser incondicionalmente instruído pela cláusula do devido processo legal, torna-se evidente que a prova que ampara a decisão judicial que afetará os bens e a liberdade das pessoas deva ser obtida de forma lícita. O processo, assim, se submete a comando constitucional que consagra a ética no contexto probatório.[1]

---

(1) O STF promove exortação ao atendimento de princípios éticos quando da produção de prova em juízo, como ocorreu no julgamento do RE n. 251.445-GO, rel. Min. Celso de Mello, cujo trecho da ementa a seguir denota tal preocupação: "Prova ilícita. Material fotográfico que comprovaria a prática delituosa (Lei n. 8.069/90, art. 241). Fotos que foram furtadas do consultório profissional do réu e que, entregues à polícia pelo autor do furto, foram utilizadas contra o acusado, para incriminá-lo. Inadmissibilidade (cf. art. 5º, LVI). — A cláusula constitucional do *due process of law* encontra, no dogma da inadmissibilidade processual das provas ilícitas, uma de suas mais expressivas projeções concretizadoras, pois o réu tem o direito de não ser denunciado, de não ser processado e de não ser condenado com apoio em elementos probatórios obtidos ou produzidos de forma incompatível com

Mas o art. 5º, LVI, da Constituição não pode ser compreendido de modo absoluto.

Tratando-se, por exemplo, de manancial probatório que se destine à comprovação de que não fora o acusado quem cometera o delito, é possível submeter o princípio a grande relativização.

E mais: se a prova obtida por meio reputado, em tese, ilícito, converte-se, no caso concreto, em autêntico exercício de legítima defesa,(2) não se poderá concluir pela sua inadmissibilidade no processo judicial.

Para anulação do processo deverá sempre existir nexo de causalidade entre a prova ilícita utilizada pela parte e o convencimento do juiz. Logo, se o magistrado não amparou a decisão na prova ilícita carreada aos autos pelas partes, não se cogita de nulidade processual.(3)

6.2. A proibição da prova ilícita e o processo do trabalho

Sendo certo que o Supremo Tribunal Federal promoveu relativização do comando do art. 5º, LVI, descrevendo hipóteses mediante as quais não se poderia concluir a respeito da ocorrência de ilicitude da prova produzida no processo, torna-se conveniente fazer alusão a algumas situações, no âmbito do processo do trabalho, que estariam, de modo semelhante, fora do campo da incidência do preceptivo constitucional.

Referimo-nos às circunstâncias relativas à prática de atos pelo empregador ou prepostos, que venham a ser objeto de degravação pelos empregados.

---

os limites ético-jurídicos que restringem a atuação do Estado em sede de persecução penal. — A prova ilícita — por qualificar-se como elemento inidôneo de informação — é repelida pelo ordenamento constitucional, apresentando-se destituída de qualquer grau de eficácia jurídica. — Qualifica-se como prova ilícita o material fotográfico, que, embora alegadamente comprobatório de prática delituosa, foi furtado do interior de um cofre existente em consultório odontológico pertencente ao réu, vindo a ser utilizado pelo Ministério Público, contra o acusado, em sede de persecução penal, depois que o próprio autor do furto entregou à polícia as fotos incriminadoras que havia subtraído. No contexto do regime constitucional brasileiro, no qual prevalece a inadmissibilidade processual das provas ilícitas, impõe-se repelir, por juridicamente ineficazes, quaisquer elementos de informação, sempre que a obtenção e/ou a produção dos dados probatórios resultarem de transgressão, pelo Poder Público, do ordenamento positivo, notadamente naquelas situações em que a ofensa atingir garantias e prerrogativas asseguradas pela Carta Política (RTJ n. 163/682 – RTJ n. 163/709), mesmo que se cuide de hipótese configuradora de ilicitude por derivação (RTJ n. 155/508), ou, ainda que não se revele imputável aos agentes estatais o gesto de desrespeito ao sistema normativo, vier ele a ser concretizado por ato de mero particular."

(2) O STF, no julgamento do RE n. 212.081/RO, rel. Min. Octávio Gallotti, 1ª Turma, decidiu que "a captação, por meio de fita magnética, de conversa entre presentes, ou seja, a chamada gravação ambiental, autorizada por um dos interlocutores, vítima de concussão, sem o conhecimento dos demais", não induz a ilicitude da prova "(...) por caracterizar-se o exercício de legítima defesa de quem a produziu".

(3) Concluiu o STF no julgamento do HC n. 73.311-MS, rel. Min. Néri da Silveira, 30.04.96, que "a existência nos autos de prova obtida ilicitamente (escuta telefônica) não basta à invalidação do processo, se a sentença condenatória está baseada em prova testemunhal autônoma, isto é, colhida sem necessidade dos elementos informativos revelados pela prova ilícita."

Em primeiro lugar, registre-se que a jurisprudência dos tribunais trabalhistas vem reiteradamente utilizando a exegese consumada pelo STF no tocante à degravação ambiental.(4)

Nessa linha de compreensão, se determinada empregada sofre constantemente assédio sexual por proprietário de empresa, por preposto de empregador ou até por cliente do estabelecimento, torna-se possível a produção, no juízo trabalhista, da prova de ocorrência do assédio por meio de gravação de conversa havida entre o assediante e a assediada, visto que perfaz autêntico exercício de legítima defesa, tal como já concluiu o Supremo Tribunal Federal.

É óbvio que mero galanteio, sem qualquer promessa de vantagem ou ameaça de prejuízo com relação ao contrato de trabalho, jamais poderá levar ao reconhecimento da prática de assédio sexual, e, conseqüentemente, de nada adiantará eventual degravação de conversa havida nesses termos.(5)

Interessante decisão do Tribunal de Justiça do Rio de Janeiro promoveu inversão do ônus da prova, uma vez configurada a idoneidade da assediada.(6)

Outra situação recorrente no processo do trabalho concerne à alegação de prova ilícita feita por empregador quando o ex-empregado faz uso de documentos coligidos durante a relação de emprego e que podem agravar a situação jurídica da empresa no processo.

---

(4) RO n. 00495/2003, relª Desª Dalila Andrade. Segue trecho da decisão: "O reclamante persegue, inicialmente, a reforma da sentença recorrida no capítulo que lhe indeferiu a indenização por danos morais. Assinala, em síntese, que, em decorrência de ter ajuizado reclamação para haver os seus direitos trabalhistas, fora ameaçado por preposto do recorrido de que não conseguiria nova colocação no mercado de trabalho que, inclusive, lhe dirigiu palavras injuriosas como cachorro agressivo e pitbull. O reclamado, por sua vez, obtempera que as gravações foram obtidas por meio ilícito, não podendo ser admitidas em juízo, assim como o Sr. Vicente falou em nome próprio e não do Hotel. O primeiro argumento não prospera, contudo. Justamente porque a mais alta Corte de Justiça do País tem proclamado — reiteradas vezes — que a gravação de conversas sem a autorização do outro interlocutor *não* constitui prova ilícita quando se pretende provar a prática de determinação crime. Nesse sentido é o arresto de n. 75.338-8, cujo Relator foi o Ministro Nelson Jobim. Pois bem; as degravações das conversas obtidas mediante escuta telefônica e por intermédio de gravador que estava no bolso do reclamante, demonstram que o Sr. Vicente, ao ameaçar o reclamante pelo fato de ter ajuizado reclamação trabalhista, estava falando em *nome próprio*, não havendo qualquer indício de que estava falando em nome da empresa reclamada, conforme reconhece o próprio autor, à fl. 131" (grifos do original).

(5) "DANO MORAL. ASSÉDIO SEXUAL. CARACTERIZAÇÃO. A caracterização do assédio sexual no âmbito das relações de trabalho passa pela verificação de comportamento do empregador ou de prepostos que, abusando da autoridade inerente à função ou condição, pressiona o empregado com fins de obtenção ilícita de favores. Mas galanteios ou simples comentários de admiração, ainda que impróprios, se exercidos sem qualquer tipo de pressão, promessa ou vantagem, não configuram o assédio para efeitos de sancionamento civil" (TRT 3ª R. – RO 1533/02 – 4ª T. – Relª Juíza Lucilde D'Ajuda L. de Almeida – DJMG 27.06.2002) (ST 159/76).

(6) "APELAÇÃO. INDENIZATÓRIA. ASSÉDIO SEXUAL. DANO MORAL. RECONHECIMENTO. O assédio sexual se caracteriza quer através de palavras, quer de atos. Tais manifestações constituem-se em propostas de relações sexuais, com promessas de presentes, viagens, vantagens materiais. Prova. Nada provado contra a honestidade da mulher, sua palavra merece maior crédito e, na espécie, a prova testemunhal também depõe neste sentido. Apelo parcialmente provido" (IRP) (TJRJ – AC 19560/2001 – (2001.001.19560) – 6ª C.Cív. – Rel. Des. Ely Barbosa – J. 05.02.2002).

Se a hipótese é de documento manuseado habitualmente pelo empregado ao longo da extinta relação de emprego, não vemos como considerar-se ilícita a prova assim produzida, principalmente porque não é espúria a causa determinante da colheita do meio de prova pelo laborista; pelo contrário, foi simplesmente a prestação de trabalho que possibilitou natural acesso à prova documental.(7)

Todavia, em se tratando de prova documental subtraída de modo subreptício pelo empregado durante o período em que laborou no estabelecimento, pronuncia-se acertadamente a jurisprudência pela ilicitude da prova, entendimento ao qual aderimos, inclusive.(8)

No âmbito do processo do trabalho já se admite até mesmo que eventual gravação de conversa entre as partes e a testemunha possa ser trazida a juízo a fim de que se confronte o depoimento prestado pelo testigo com aqueloutro objeto de degravação.

Não nos parece haver, aqui, ofensa ao devido processo legal a ensejar a nulidade do processo.

Seguramente, o comando do art. 765 da CLT prescreve que "os juízos e Tribunais do Trabalho terão ampla liberdade na direção do processo e velarão pelo andamento rápido das causas, podendo determinar qualquer diligência necessária ao esclarecimento delas".

Logo, não fosse conatural ao comportamento do juiz a busca incessante pela verdade real, o próprio texto consolidado concita a autoridade jurisdicional a não se satisfazer meramente com a verdade formal, a não se submeter incondicionalmente ao princípio dispositivo, que prende a providência judicial exclusivamente à iniciativa das partes.

Ora, há diversas exceções ao princípio dispositivo no processo penal, civil e também no processo do trabalho, e, na verdade, o art. 765, da CLT é exemplo desta faculdade conferida ao juiz do trabalho.

---

(7) Observe-se a seguinte decisão do Tribunal Regional do Trabalho da 5ª Região: "(...) As "provas de caixa" acostadas aos autos pela reclamante, não constituem *prova ilícita* como alegado pelo recorrente, pois contém apenas o resumo das tarefas diárias executadas e anotadas pela própria reclamante, não sendo, por isso, objeto de apropriação indébita" (RO n. 01351-2003-192-05-00-8-RO, Relator: Desembargador LUIZ TADEU LEITE VIEIRA) (grifamos).

(8) Observe-se o conteúdo da seguinte decisão do TRT da 5ª Região nos autos do RO n. 01.08.99.2579-50, rel. Desª Ana Lúcia Bezerra: "(...) Ao final da audiência, fls. 77, o acionante requereu a juntada de três recibos em fotocópia, que foram impugnados pela acionada. Verifica-se que os documentos em apreço não indicam pagamento 'por fora', mas se referem a 'compras'. Por outro lado, corretamente o *a quo* concluiu que, em face das declarações do autor e de suas testemunhas de que não ficavam com cópias dos comprovantes, os documentos em apreço representam prova ilícita, não podendo servir ao processo. Corretamente, indeferiu o pedido. (...)".

Posto desta forma, temos por irrepreensível a conduta de magistrado que autoriza o trazimento de fita magnética a fim de contrastar o conteúdo da conversa com o depoimento da testemunha consumado perante o juízo.

Há, inclusive, decisão do TRT da 5ª Região neste sentido.[9]

---

(9) RO n. 0550/98, rel. Des. Nylson Sepúlveda. Eis o trecho do acórdão pertinente ao tema aqui tratado: "PRELIMINAR DE NULIDADE DO PROCESSO. PROVA ILÍCITA. Após concluída a instrução, o reclamante formulou a petição de fls. 90/91, assinalando que a testemunha da reclamada sr. Almerício Pacheco teria faltado *"com a verdade quando prestou o seu depoimento, fato este que (...) prova, desde logo, com a juntada de fita magnética, onde consta a confissão da referida testemunha, no particular"*. A i. Juíza determinou, então, a reabertura da instrução processual com a notificação das partes e da testemunha Almerício Pacheco, além de ordenar que o reclamante transcrevesse, em cinco dias, o teor da referida fita magnética. Uma vez atendida esta determinação, procedeu-se, em torno da matéria, à reinquirição da testemunha Amerício Pacheco que, então, esclareceu haver, de fato, prestado as declarações contidas na gravação exibida pelo reclamante. Ressalvou, no entanto, que foram elas prestadas, em atenção a insistentes e reiterados pedidos do reclamante, que o pressionou, de forma irresistível, a desmentir o que havia dito antes perante esta Justiça. Por isso mesmo, a testemunha, embora sem negar as declarações contidas na fita magnética, não as reconheceu, como expressão da verdade. Ao contrário, assinalou que os fatos da demanda tinham efetivamente ocorrido, segundo a versão constante do seu depoimento em juízo, cujo conteúdo ratificou integralmente naquele ensejo. Irresignada com esta conduta da Juíza, que permitiu, para esse efeito, a reabertura da instrução, investe a reclamada, com veemência, suscitando preliminar de nulidade, já que, na sua avaliação, a prova teria sido obtida por meio ilícito, sem conhecimento e prévia autorização de um dos interlocutores e, portanto, com violação ao inciso X do art. 5º da Carta Magna. A preliminar, entretanto, não prospera. Precisamente porque a causa não foi julgada, como insinua a reclamada, com base nesta *prova*, que ela tem como ilícita e imprestável. É que, em verdade, a decisão recorrida, tendo em vista a insegurança revelada por esta testemunha, simplesmente recusou-se a formar a sua convicção, a partir das suas declarações, quer num sentido, quer no outro. Preferiu haurir o seu convencimento em outras provas existentes nos outros. Ora, se o conteúdo da tal *fita magnética* não foi elevado à condição de "prova", mas à de simples fator indicativo da inidoneidade das declarações da testemunha, segue-se que não sendo ela, como não foi, relevante, na solução da demanda, não se pode acolher a preliminar de nulidade suscitada pela reclamada. A decisão recorrida, com efeito, destacou, no particular, que o conteúdo da fita magnética não *foi "foi utilizado como prova pelo juízo, servido a fita apenas e tão-somente para demonstrar que o referido senhor não era confiável, como testemunha. Segundo porque, ainda que o conteúdo fosse apreciado, a assertiva de tal pessoa, que demonstrou não falar a verdade, de forma alguma, não poderia atingir outras testemunhas, notadamente quando tais assertivas não foram feitas em Juízo. Assim, não se aplica, aqui, o princípio da indivisibilidade da prova, já que simplesmente não se considerou o conteúdo da fita como prova de qualquer fato. Lembra-se que o depoimento da testemunha Almerício foi apenas REJEITADO. Se tivesse sido aceito, seria o mesmo voltado contra a empresa e se decidiria a favor do reclamante, com base nas assertivas de tal testemunha e assim não procedeu, de modo algum, pelos motivos explicitados na decisão"* (fl. 165). Logo, não estando a sentença lastreada na gravação da fita magnética, mas em outras provas colhidas nos autos, óbvio é que qualquer exame acerca da sua validade, ou não, da sua licitude ou da sua ilicitude, da ocorrência de preclusão, ou não, pertinentes à referida *prova*, seria, como é, despicienda, e, portanto, inadmissível a preliminar argüida. REJEITO-A, pois" (grifos do original).

Capítulo 7

O PRINCÍPIO DO DUPLO GRAU DE JURISDIÇÃO E O PROCESSO DO TRABALHO

7.1. Questionamentos do Capítulo

Trata-se de direito fundamental o duplo grau de jurisdição? É inconstitucional qualquer diploma normativo que restrinja o acesso às instâncias recursais?

É o que nos propomos a responder neste Capítulo, sempre com o pensamento voltado à específica realidade do direito processual do trabalho.

7.2. O Duplo Grau de Jurisdição e o Sistema Constitucional

A história constitucional brasileira noticia a existência de período dentro do qual o duplo grau de jurisdição foi referido como garantia fundamental absoluta, tal como ocorreu com o art. 158, da Constituição imperial de 1824.[1]

Atualmente, a Constituição de 1988, acompanhando o tratamento dado à matéria pelas constituições que se seguiram ao período imperial, não inclui o duplo grau de jurisdição como garantia fundamental absoluta.

Efetivamente, o art. 5º, LV, salienta que "aos litigantes, em processo judicial ou administrativo, e aos acusados em geral são assegurados o contraditório e ampla defesa, com os meios e recursos a ela inerentes".

---

(1) Cf. Nelson Nery Jr., *Princípios do Processo Civil na Constituição Federal*, p. 149.

Presumivelmente poderia a expressão *recursos* deixar clara na mente do intérprete a idéia de que o sistema constitucional brasileiro da atualidade eleva a patamar de direito fundamental o duplo grau de jurisdição.

Não nos parece que seja assim.

A locução *recursos*, sob o império do princípio da coloquialidade, jamais deve ser entendida como recurso no sentido técnico-processual, mas tão-só expediente posto à disposição das partes para fazerem valer seus interesses em juízo.

Roberto Rosas agrega novos fundamentos: "O princípio do duplo grau de jurisdição não está inscrito em nenhuma regra constitucional, apenas deduz-se da estrutura constitucional da duplicidade de pronunciamentos que o mesmo pertence à estrutura do Poder Judiciário".[(2)]

E mais: como vimos afirmando, o processo do trabalho é necessariamente instruído pelo postulado tuitivo, pelo princípio de proteção ao hipossuficiente, e, por isso, mais se ressalta a relatividade do duplo grau de jurisdição na Justiça do Trabalho, posto que sabidamente são as empresas aquelas que interpõem recursos na esmagadora maioria dos casos.

Resultado: o legislador infraconstitucional poderá promover restrição à instância recursal sem que a norma limitativa possa ser reputada inconstitucional.

Com isso, o depósito recursal exigível para o acesso às instâncias revisoras no contexto da estrutura judiciária trabalhista (§ 1º do art. 899, da CLT) rigorosamente nada tem de inconstitucional.

O mesmo se afirme com relação ao disposto no § 3º do art. 2º da Lei n. 5.584/70, que estabelece não caber qualquer recurso das decisões proferidas nos dissídios de alçada exclusiva das Varas do Trabalho, salvo quando versarem sobre matéria constitucional.

E assim também deve ser o raciocínio no que se refere à limitação relativa à interposição de recurso de revista no procedimento sumaríssimo, visto que o § 6º do art. 896 prescreve que somente será admitido apelo revisional por contrariedade a súmula de jurisprudência uniforme do TST e violação direta da Constituição Federal.

(2) Cf. *Direito Processual Constitucional*, p. 10.

Capítulo 8

CONSTITUIÇÃO E REDISTRIBUIÇÃO DE PROCESSOS NA JUSTIÇA DO TRABALHO

8.1. Introdução

O signo "celeridade processual" tem se convertido em autêntica obsessão da Justiça brasileira, mais ainda quando pesquisas de opinião têm revelado que as pessoas de uma maneira geral apontam a morosidade como o mal maior do sistema judiciário brasileiro.

A ciência processual convive com *ondas*, que, por sua vez, consolidam as denominadas reformas processuais; tais *ondas processuais* ora se põem a serviço do direito das partes, ora se dirigem à tentativa de aceleração do instrumento processual. No momento atual observa-se clara tendência à diminuição do tempo no processo, tanto que a EC n. 45/04 terminou por positivar o direito fundamental à razoável duração do processo, que, se é verdade não ser sinônimo de "celeridade", não menos é, todavia, que remarca a necessidade de o processo alcançar o desiderato em tempo menor.

É dentro desse contexto e adotado igualmente esse comportamento que atua a Justiça do Trabalho.

Reconhecida por todos como a porção mais célere do Poder Judiciário brasileiro, a Justiça do Trabalho, no entanto, tem convivido com vertiginoso recrudescimento da conflitualidade que, de fato, compromete grandemente a sua decantada rapidez.

Contudo, iniciativas são adotadas pelos tribunais trabalhistas com o propósito de redirecionar o instrumento processual para a via da rapidez e da efetividade.

E uma dessas alternativas é precisamente a redistribuição dentre Varas do Trabalho recém-criadas de processos trabalhistas existentes nas mais antigas, procedimento que pretende solucionar o grave problema da morosidade das execuções trabalhistas, invariavelmente (e acertadamente) reputadas como o "calcanhar de Aquiles" do processo do trabalho.

Mas contra a redistribuição argüi-se vulneração às normas processuais e da Consolidação das Leis do Trabalho, bem assim ofensa a diversos preceitos da Constituição de 1988, dentre os quais o referente ao princípio do juiz natural (art. 5º, incisos XXXVII e LIII).

O objetivo deste Capítulo é examinar o procedimento de redistribuição com amparo nas previsões da legislação ordinária e sobretudo à luz do sistema constitucional.

E o faremos mediante a tentativa de responder a duas perguntas: a) A redistribuição de processos em fase de execução para novas Varas do Trabalho implica em ofensa a dispositivos da legislação processual trabalhista ou dos preceitos processuais comuns com esta compatíveis?; b) A mencionada redistribuição vulnera princípios e/ou direitos fundamentais prescritos na Constituição de 1988, dentre os quais o princípio do juiz natural?

É certo que já examinamos o postulado do juiz natural em distinto Capítulo deste livro; no entanto, tendo em vista as peculiaridades e a importância do procedimento de redistribuição de processos na Justiça do Trabalho, convém analisar a situação em passagem específica do trabalho.

8.2. Aspectos Infraconstitucionais da Redistribuição de Processos

A norma consolidada que se apresenta como dado inicial à solução do problema proposto é a referida no art. 877: "É competente para a execução das decisões o Juiz ou Presidente do Tribunal que tiver conciliado ou julgado originariamente o dissídio".

Com efeito, tratando-se de execução de julgado, firma-se a competência do magistrado que conciliou ou julgou o processo, em reverência, inclusive, ao princípio da *perpetuatio jurisdictionis*, referido no art. 87, do Código de Processo Civil, de irrefutável aplicação subsidiária no processo do trabalho (art. 769, da CLT).

Efetivamente, a orientação jurisprudencial sumulada dos Tribunais Superiores impede a modificação da competência, tanto no caso da execução de título judicial, como na hipótese também de execução fiscal, a ponto de o Superior Tribunal de Justiça ter sufragado que "proposta a execução fiscal, a posterior mudança de domicílio do executado não desloca a competência já fixada", consoante prevê a Súmula n. 58.

Disciplina da espécie pode ensejar interpretação segundo a qual não há fundamento jurídico para a redistribuição de processos em fase de execução para outros órgãos jurisdicionais trabalhistas, desde que se entenda, de modo semelhante, que a impossibilidade de alteração da competência em casos tais assume natureza de vedação absoluta quanto à fixação, por lei ou ato administrativo, de distinto órgão judicial para processar a *executio*.

É necessário, portanto, investigar-se se o princípio da perpetuação da jurisdição se reveste de natureza absoluta dentro do processo do trabalho.

A própria legislação processual comum não confere ao postulado em questão foros de incidência incondicionada ou absoluta, tanto que indica a existência de duas circunstâncias impositivas à não perpetuação da jurisdição: a) supressão do órgão judiciário; b) alteração da competência em razão da matéria ou da hierarquia (neste sentido ver a Súmula n. 10 do Superior Tribunal de Justiça).

Logo, no altiplano do processo do trabalho, igualmente se impõem as ressalvas previstas no art. 87, do CPC.

Contudo, diante da especificidade do processo trabalhista, exceções outras há ao princípio da perpetuação da jurisdição, tornando-o menos absoluto ainda no contexto desta Especializada.

Deveras, observe-se a literalidade do parágrafo único do art. 872, da CLT: "Quando os empregadores deixarem de satisfazer o pagamento de salários, na conformidade da decisão proferida, poderão os empregados ou seus sindicatos, independentes de outorga de poderes de seus associados, juntando certidão de tal decisão, apresentar reclamação à Junta ou Juízo competente, observado o processo previsto no Capítulo II deste Título, sendo vedado, porém, questionar sobre a matéria de fato e de direito já apreciada na decisão".

Concerne o dispositivo à possibilidade de propositura de ação de cumprimento, que detém a natureza jurídica de *dissídio individual executório da sentença normativa*(1), não perante o órgão jurisdicional prolator da decisão — no caso o Tribunal Regional do Trabalho —, mas sim junto à Vara do Trabalho.

O comando consolidado é de obrigatória referência para o exame da questão, fundamentalmente porque o propósito da norma outro não é que viabilizar a *expedita*, *rápida* e *célere* execução do dissídio coletivo julgado pelo Tribunal, providência que, inegavelmente, não se concretizaria se se mantivesse sob a competência de órgão colegiado a realização dos atos executórios, quer porque territorialmente distanciado do local onde estão as partes em litígio, quer porque não se compadece com a atividade judicante

(1) Cf. NASCIMENTO, Amauri Mascaro, *Curso de Direito Processual do Trabalho*, 10. ed., São Paulo: Saraiva, 1989, p. 262.

em sede de instância *ad quem* a realização de atos processuais de compostura monocrática, representando tais providências exceção à regra de julgamentos de ordem coletiva, procedimento que, na verdade, descreve o fundamento político de revisão das decisões judiciais por colegiados e não por meio de magistrado com atuação unipessoal.

E fora com esse espírito que o legislador consolidado optou pela prescrição constante do parágrafo único do art. 872, ressaltando abalizada doutrina que o fim colimado também se volta à simplificação da *executio* em sede de dissídio coletivo[2].

Sobremais, parece-nos também — em reforço à argumentação quanto à liceidade de espécie administrativa de tribunal que assim dispuser — que remeter ao plano de reverência absoluta a dicção do art. 87, do CPC para os domínios do processo do trabalho é, de modo induvidoso, rematar que *o processo é um fim em si mesmo*, o que corresponde a erro vitando nesta quadra do desenvolvimento da ciência processual, crescentemente instruída pelo clamor quanto à realização de prestação jurisdicional útil e apta à proteção dos direitos fundamentais das pessoas.

Outrossim, não deve escapar também à nossa apreciação o fato de que provimento administrativo redistribuidor de processos se propõe à redistribuição de feitos entre órgãos jurisdicionais com idêntica competência *material* e *territorial*.

No particular, consigne-se a seguinte decisão do STF: "A redistribuição de processos criminais entre juízes igualmente competentes é medida que se insere na organização judiciária e na implantação da reforma pela criação de novos serviços" (STF, HC n. 563.834/DF, rel. Min. Rafael Mayer).

É emblemática a decisão da Suprema Corte: se, no tocante a processos criminais, nos quais os bens imaterias *vida*, *liberdade* e *honra* apontariam para contigente inflexidez do órgão julgador dada a indiscutível relevância de tais direitos para a condição humana, na seara do processo do trabalho, instruído pela indisponibilidade relativa de muitos dos direitos trabalhistas protegidos pelo ordenamento jurídico — tanto que sobre eles pode o trabalhador transigir no processo judicial —, seria autêntico despropósito pugnar pela incidência absoluta do comando do art. 877, da CLT.

Por conseguinte, e respondendo à primeira indagação, temos que ato administrativo determinante de redistribuição de processo em fase de execução *não ofende o princípio da perpetuação da jurisdição e nem a regra consubstanciada no art. 877, da CLT.*

---

(2) Cf. RUSSOMANO, Mozart Victor, *Comentários à Consolidação das Leis do Trabalho*, 10. ed., Rio de Janeiro: Forense, 1993, p. 939.

8.3. Aspectos Constitucionais

De proêmio, registre-se que nenhuma interpretação constitucional deve ser extratada à revelia dos denominados "Princípios Fundamentais", descritos nos arts. 1º/4º, da Constituição Federal, máxime porque neles está assentada o razão ontológica do Estado brasileiro.

O art. 1º prescreve como fundamento do Estado brasileiro, dentre outros, a *cidadania* (inciso II).

É princípio constitucional conformador que compõe o substrato teleológico destinado a balizar o comportamento do corpo legislativo, da Administração Pública e do juiz no exercício da atividade judicante.

O conteúdo jurídico tradicional da expressão "cidadania" reconduz ao exercício do direito político ativo[(3)], ou seja, o de eleger representantes para o parlamento ou os detentores dos cargos de chefia do Poder Executivo federal, estadual e municipal.

Não é outra a conclusão a se extrair do art. 1º da Lei n. 4.717, de 29 de junho de 1965 (Lei da Ação Popular – LAP), quando determina que "qualquer cidadão será parte legítima para pleitear a anulação ou a declaração de nulidade de atos lesivos ao patrimônio da União, do Distrito Federal, dos Estados e dos Municípios (...)", apontando, o § 3º que "a prova da cidadania, para ingresso em juízo, será feita com o título eleitoral, ou com o documento que a ele corresponda".

Entretanto, não há mais espaço para o acolhimento da restritiva acepção do termo "cidadania", principalmente porque a sua inclusão como fundamento do Estado brasileiro permite ampliar o seu espectro, compreendendo, a partir da Constituição de 1988, duas realidades que, malgrado guardem alguma semelhança, não devem ser objeto de identificação absoluta: cidadania em *sentido estrito* e em *sentido amplo*. A primeira corresponde à antedita fruição do direito político ativo. Já a segunda comporta desdobramentos que se afinam propriamente ao Estado Democrático de Direito. Consagrar-se o fundamento referente à cidadania em sentido amplo é vincular o Estado à obrigação de destinar aos indivíduos direitos e garantias fundamentais, mui especialmente aqueles relacionados a direitos sociais. Então, isso quer dizer que o reconhecimento da cidadania em um sistema político está na razão direta da sua capacidade de garantir às pessoas o direito à liberdade, à igualdade substancial, à vida, à incolumidade física — direitos criados pelo constitucionalismo

---

(3) Há ainda o direito político passivo, representado pela capacidade eleitoral passiva. De acordo com a Constituição de 1988, o processo para aquisição da capacidade eleitoral passiva se inicia aos dezoito anos (idade mínima para o indivíduo ser eleito para o cargo de Vereador – art. 14, § 3º, VI, *d*) e completa-se aos trinta e cinco anos (idade mínima para concorrer aos cargos de Presidente e Vice-Presidente da República e Senador – art. 14, § 3º, VI, *a*).

clássico —, mas, sobretudo, os atinentes à educação, à saúde, ao trabalho — enfim todos os direitos de caráter prestacional —, além, é claro, como não poderia deixar de ser, dos direitos políticos. Tem-se, assim, que a cidadania abrange os direitos políticos, mas não deve ser a eles limitada, porquanto a sua incorporação ao *status* constitucional de um dos fundamentos do Estado brasileiro tece uma rede de proteção em torno das pessoas, reforçando a idéia de que a sociedade política criada a partir de 1988 deve porfiar pela consecução dos direitos e garantias fundamentais, inclusive por força de adoção de iniciativas públicas destinadas a fazer com que o indivíduo se torne um cidadão — efetivo usuário dos bens e serviços decorrentes do desenvolvimento econômico.

Disso resulta que a natureza constitucionalmente conformadora do direito à cidadania em sentido estrito torna-a vinculante para a edição de atos administrativos, porquanto não se efetiva o Princípio Fundamental em questão tão-só por meio da intermediação do legislador, mas, convictamente, por via de prática administrativa no âmbito dos Poderes Executivo, Legislativo e Judiciário.

E quanto ao Poder Judiciário, sabe-se que, diante da natureza precípua ou principal das atribuições conferidas pelo constituinte originário aos Poderes do Estado brasileiro, há, no contexto dos Tribunais, o exercício de funções *típicas* e *atípicas*, sendo que, em rigor, nenhuma delas pode ser subtraída à absoluta adequação ao caríssimo postulado constitucional da cidadania; devem, ao contrário, submissão total a valor incluído como *fundamental*, desde que é certo que a Constituição não é, de modo algum, um feixe de proposições apto apenas a exortações à consciência do administrador, esteja ele onde estiver: no Executivo, no Legislativo ou no Judiciário.

De conseguinte, se ato administrativo pretende a redistribuição de processos em fase de execução com o objetivo de acelerar o trâmite de procedimento que é — repita-se — generalizadamente conhecido como o "calcanhar de Aquiles" do processo do trabalho, longe, mas muito longe mesmo de transgredir o Princípio fundamental sob exame, trata-se, de forma inarredável, de providência digna dos maiores encômios de parte dos jurisdicionados e dos juízes que serão destinatários da redistribuição.

Outro domínio constitucional que não deve, em absoluto, ser desprezado para dilucidar a controvérsia é o pertinente aos direitos individuais.

E aqui, no particular, sobreleva em importância o direito individual à *razoável duração do processo* (art. 5º, LXXVIII, acrescentado pela EC n. 45/04).

Prescreve o art. 5º, LXXVIII, da Constituição que "a todos, no âmbito judicial e administrativo, são assegurados a razoável duração do processo e os meios que garantam a celeridade de sua tramitação".

Não há, em absoluto, respeito à cláusula do devido processo legal quando é fato que o retardo na prestação jurisdicional desveste o processo de sua eficácia útil.

Em rigor, o direito individual não corresponde a autêntica inovação, porquanto a Convenção Interamericana de Direitos Humanos (Pacto de San José da Costa Rica) assentou no art. 8º, 1 que "toda pessoa tem direito a ser ouvida, com as devidas garantias e dentro de um prazo *razoável*, por um juiz ou tribunal competente, independente e imparcial, estabelecido anteriormente por lei, na apuração de qualquer acusação penal formulada contra ela, ou para que se determinem seus direitos e obrigações de natureza civil, trabalhista, fiscal ou de qualquer outra natureza" (grifamos).

Assim, o Pacto de San José da Costa Rica não apenas protege o indivíduo contra as dilações processuais indevidas, mas também proíbe a fixação de juízo ou tribunal de exceção, o que, a propósito, já se encontra assegurado no art. 5º, XXXVII e LIII, da Constituição de 1988.

Trata-se, evidentemente, de um clamor nacional a conferência de efetividade à atividade judiciária.

A EC n. 45/04 incorporou a idéia de que processo justo é aquele no qual se realiza a tutela judicial dos direitos fundamentais em duração razoável — sinônimo de prestação jurisdicional com eficácia útil.

E tanto foi assim que o objetivo maior da EC n. 45/04 está vinculado à diminuição do tempo em que se opera a prestação jurisdicional no Brasil.

O art. 5º, LXXVIII é o reflexo da preocupação do legislador constituinte derivado com o gravíssimo problema pertinente à morosidade da Justiça.

Todavia, *razoável duração do processo* não é expressão sinônima de *celeridade processual:* "(...) o adjetivo *razoável* (duração do processo) sugere aquilo que é 'conforme à razão, ao direito, à eqüidade; o que é moderado, comedido' (...). Nesse sentido, *duração razoável* contrapõe-se à celeridade. Logo, o conceito de 'razoável duração do processo' não se harmoniza com o de 'celeridade'. O que está subjacente nessas expressões, como elemento comum, é o *tempo processual*. Sendo uma das dimensões humanas, o fator tempo não pode ser ignorado em tema de duração do processo. Via de regra, o tempo é um aliado do réu e um verdugo do autor, por motivo algo óbvios. Falar de *duração razoável* do processo corresponde a colocar interesses das partes no mesmo plano axiológico; cogitar de *celeridade* processual implica dar preeminência ao interesse do autor, ou seja, daquele que, por definição, busca esse serviço público a cargo do Estado-juiz, desse monopólio estatal, a que se denomina prestação jurisdicional".(4)

(4) Cf. TEIXEIRA FILHO, Manoel Antonio, *Breves Comentários à Reforma do Poder Judiciário*, pp. 25-26.

Se examinadas as alterações constitucionais implementadas pela EC n. 45/04, chega-se à conclusão que o princípio da razoável duração do processo é um dado a se integrar ao conjunto dos direitos e garantias individuais que, em substância, não discrepa de diversas previsões estatuídas noutros domínios do sistema constitucional.

Com efeito, coerentemente à diretiva assinalada no art. 5º, LXXVIII, o legislador constituinte derivado promoveu mudanças nos incisos do art. 93, tudo de sorte a objetivar a *razoável duração do processo*, consoante se depreende da análise dos incisos XII a XV.

Consagrou, por exemplo, a idéia da ininterruptividade da função judiciária mediante inclusão do inciso XII no art. 93 ("a atividade jurisdcional será ininterrupta, sendo vedado férias coletivas nos juízos e tribunais de segundo grau, funcionando, nos dias em que não houver expediente forense normal, juízes em plantão permanente"). Impede-se, por conseguinte, a continuidade das denominadas "férias coletivas" de magistrados, que aconteciam nos meses de janeiro e julho.

Outrossim, propôs-se a EC n. 45/04 a diminuir a desproporção existente entre o número de juízes e a efetiva demanda, bem como no tocante à população (art. 93, XIII).

Procede a preocupação.

As alterações da legislação processual civil, abrindo-se a porta do Poder Judiciário às camadas mais carentes da população brasileira, somente serão concretizadas se, a par da mudança na sistemática dos recursos, houver número de magistrados apto a promover o efetivo acesso à Justiça.

Por tal motivo, no momento de ser delimitado o número de juízes por unidade jurisdicional, serão tomados por parâmetro a demanda judicial efetiva e a população abrangida pela jurisdição local.

O art. 93, XIV, da Constituição indica que "os servidores receberão delegação para prática de atos de administração e atos de mero expediente sem caráter decisório".

São os casos dos atos judiciais de mero impulsionamento do processo, que, a partir da EC n. 45/04, *serão* delegados aos servidores vinculados ao órgão jurisdicional.

Quando o dispositivo refere que "os servidores receberão delegação(...)", deixa claro que o ato não estará circunscrito à conveniência do juiz ou do órgão colegiado. Trata-se de providência que se impõe objetivamente após a alteração constitucional, podendo até mesmo a omissão da autoridade jurisdicional implicar na impetração de mandado de segurança coletivo pela Ordem dos Advogados do Brasil, face à inequívoca importância do procedimento para a celeridade de tramitação dos processos.

E, por fim, previu, ainda na linha de atendimento ao princípio da razoável duração do processo, a imediata distribuição dos feitos em qualquer grau de jurisdição (art. 93, XV).

Realmente, não é admissível que a demora na prestação jurisdicional decorra também da ineficiência do aparelho burocrático do Poder Judiciário. Sendo assim, tanto em nível de órgãos judiciais singulares, quanto em nível de tribunais, se imporá, doravante, a imediata distribuição dos processos.

A referência aos dispositivos tem propósito claro e definido: *tornar evidente que não se alcançará a almejada duração razoável do processo se não houver disposição dos órgãos diretores de Tribunais para a edição de atos administrativos tendentes a efetivar o direito individual.*

E mais: de acordo com o sistema da ciência do direito constitucional, não se põe a efetividade de norma de caráter programático — como é o comando do art. 5º, LXXVIII, da Constituição — ao talante ou ao alvedrio de autoridade administrativa dos tribunais; corresponde, sem dúvida, *a dever constitucionalmente imposto.*

Com efeito, já defendemos que "(...) as principais metas perseguidas pela constituição social se consubstanciavam em normas programáticas, o que, desde então, abriu espaço para novos acessos de natureza sociológica fundados na teoria de Lassalle, segundo a qual o texto fundador do Estado nada mais era que o somatório dos fatores reais de poder. Assim, todo o compromisso selado pelo agente materializador da vontade constituinte ficaria condicionado à ocorrência de situações ideais para a efetivação. A realização do programa estatal passava a depender de uma circunstância "ótima", submetendo-se, também, ao juízo emitido pelo legislador infraconstitucional acerca da conveniência e oportunidade da concretização da cláusula através da via legislativa.

> "A cada dia tornava-se mais evidente que as normas constitucionais programáticas não poderiam ser colocadas no plano da mera opção política em termos de atuação do legislador futuro. Não havia cientificidade alguma em defender a idéia de que o programa inserido em uma constituição se incluía na seara da conveniência e da oportunidade adstritas ao alvitre do corpo legislativo ordinário.
>
> O Estado é instrumento à consecução de fins predeterminados pelo elemento formador. A unidade política somente subsiste enquanto se mostrar capaz de atender às finalidades solenemente adscritas no texto máximo pelo constituinte originário. E tais finalidades estão materializadas, de modo expresso, no programa do Estado, nas metas e objetivos fundamentais que descrevem a sua razão ontológica.
>
> Deve o Estado, como um todo, buscar a substanciação do querer constituinte, o cumprimento de um programa que, de tão relevante, fora introduzido

no principal texto do sistema do direito positivo. As normas programáticas constituem a elevada reserva do propósito do Estado, sendo defeso aos órgãos constituídos tanto reduzir o plexo de metas inserto na constituição como relegar ao oblívio as cláusulas consagradoras do programa estatal, tornando-se indiferentes a tais dispositivos mediante a adoção de tese de não-vigência dos preceitos programáticos por força da sua dependência aos fatores de compostura econômica, política, social ou até cultural, como sói ser divulgado, aqui e ali.

O certo é que a problemática a circundar as cláusulas de programa é o ponto nevrálgico de toda a fecunda dissidência que se opera atualmente quando se propõe analisar a eficácia das normas constitucionais. Em tais hipóteses, o que se vê, não raro, é um discurso com pouco rigor científico, caracterizado por proposições extratadas que não levam em conta o simples fato — perceptível aos olhos de qualquer leigo — de que as normas programáticas, foram um dia, por alguma razão, introduzidas no texto constitucional, competindo a toda a unidade política (considerada, aqui, em seu sentido amplíssimo) prosseguir energicamente na consecução do programa estatal, 'empurrando' a eficácia da norma programática para um grau máximo em termos de realizabilidade".[5]

Posto desta forma, e precisamente à conta de as normas programáticas condicionarem a atividade discricionária da Administração e do Poder Judiciário, concluímos que se não reserva a órgãos diretores de Tribunais a faculdade de implementar concretamente os dispositivos de compostura programática; materializa-se, de forma indiscutível, em autêntico dever cuja imposição se extrai diretamente da Constituição de 1988.

Também se nos apresenta indeclinável o exame de suposta ofensa, no caso, ao princípio do juiz natural.

O princípio do juiz natural tanto pode ser extraído do inciso XXXVII do art. 5º("não haverá juízo ou tribunal de exceção") como do inciso LIII ("ninguém será processado nem *sentenciado* senão pela autoridade competente").

Não se trata de novidade na história constitucional brasileira, tanto que o art. 153, § 15, da CF n. 1969; art. 150, § 15, CF n. 1967 e o art. 141, § 26, CF n. 1946, tratam, indistintamente, da proibição de tribunais de exceção, o que é o mesmo princípio do juiz natural com outras palavras.

Sintetiza *Nelson Nery Júnior*: "O que se pretende coibir com a regra do inciso n. XXXVII, do art. 5º, da CF é a criação de órgãos judicantes para o julgamento de questões (civis e criminais) *ex post facto* ou *ad personam*, salvo as exceções estatuídas na própria Constituição".[6]

---

(5) Cf. *Curso de Direito Constitucional*, pp. 183.199.

(6) Cf. *Princípios do Processo Civil na Constituição Federal*, p. 61.

Portanto, atribuir competência a um dado tribunal para julgamento de determinado crime, por mais comoção que tenha causado na opinião pública, é inegável ofensa ao princípio do juiz natural.

Constitui-se transgressão ao juiz natural a fixação da competência em razão da pessoa, ressalvadas as hipóteses constitucionalmente postas, como no caso do julgamento do Presidente da República pelo Senado, nos crimes de responsabilidade.

Também se vulnera o postulado quando se admite a distribuição dirigida de processos a determinado magistrado.(7)

Com evidência, em primeiro lugar, é preciso saber se a distribuição será feita para uma única e nova vara criada ou se, diferentemente, tratam-se de diversas varas recém-criadas que receberão os processos. E por quê? Tão-só em virtude de, no caso de distribuição a uma única nova vara, ser indiscutível a ofensa ao princípio do juiz natural, porquanto já se saberá, adrede, antes mesmo da distribuição, o entendimento do magistrado acerca da questão posta na lide; se, no entanto, a hipótese é de distribuição a mais de uma vara, não há transgressão ao juiz natural.(8)

De modo semelhante, impõe-se investigar se as varas receptoras de processos têm idêntica competência territorial àquela (s) para a (s) qual (is) foram inicialmente distribuídos. Sim, porque se os processos foram distribuídos para juízos com competência territorial diversa do que os recebeu, há, no particular, inegável ofensa ao princípio do juiz natural.(9)

Mas se o ato que se deseja praticar tenciona a redistribuição de processos de execução entre Varas do Trabalho com idêntica competência territorial, fundamento não há para argüir-se vilipêndio ao juiz natural.

---

(7) "No ordenamento jurídico brasileiro não é dado as partes escolherem o juiz de sua preferência. Vige princípio do juiz natural aquele designado pelas Leis de organização judiciária para conhecer e julgar a lide. O juiz natural é aquele preconstituído pela Lei. A garantia alcança o processo civil e penal (art. 5º, inciso XXXVII e inciso LIII da CF/88)" (TRF 1ª R. – EEEIAC 01001058790 – DF – 3ª S. – Relª Desª Fed. Selene Maria de Almeida – DJU 21.02.2003 – p. 09).

(8) "O TRF da 1ª Região decidiu no julgamento do CC n. 1999.01.00.084663-4/GO que a redistribuição de processos, determinada por Provimento da Corregedoria-Geral, em face da criação de novas Varas Federais, não fere os princípios da legalidade e do juiz natural" (TRF 1ª R. – CC 01000297967 – GO – 1ª S. – Rel. Des. Fed. Aloisio Palmeira Lima – DJU 13.11.2002 – p. 123). No mesmo sentido o RHC n. 58.468, rel. Min. Rafael Mayer. Se criada Vara do Júri no local onde está domiciliado o réu, será esta competente para o julgamento do processo, pouco importando a fase em que se encontre: "A atuação do Tribunal do Júri é norteada pelo princípio segundo o qual o réu deve ser julgado pelos concidadãos (pares). Esta peculiaridade transmuda a espécie de incompetência, excepcionando a regra referente à definida a partir do elemento territorial. De relativa, passa a absoluta. Desdobrada a área geográfica de um certo Tribunal do Júri, criando-se um outro, para este devem ser remetidos os processos em curso, pouco importando a fase em que se encontrem, no que envolvam acusados domiciliados na área resultante do desmembramento. (...)" (STF, 2ª Turma, HC n. 71.810-8/DF, redator do Acórdão, Min. Marco Aurélio).

(9) "A criação de foro regional no local do fato, em data posterior a do recebimento da denúncia, não desloca a competência antes firmada. Aplicação subsidiária da regra *perpetuatio jurisdictionis* (CPC, art. 87, autorizada pelo art. 3º do Código de Processo Penal" (STF, 2ª Turma, ROHC n. 83.008-1/RJ, rel. Min. Maurício Correa, julg. em 20.05.2003).

E, por fim, igualmente relevante a remissão aos princípios constitucionais da Administração Pública, dentre os quais o relativo à eficiência.

A EC n. 19/98 promoveu mudança no art. 37, *caput*, incluindo o princípio da eficiência.

Ainda que inserido em momento posterior à promulgação do Texto Constitucional de 1988, deve ser enfatizado que, mesmo antes da inovação, já se exigia Administração eficiente, posto que a concretização das atribuições previstas no art. 23 (de natureza administrativa) somente se daria se houvesse, por parte da União, Estados, Distrito Federal e Municípios, a opção por modelo de Administração Pública atrelada à eficiência.

E não é só. A redação originária do § 3º do art. 37 estabelecia que "as reclamações relativas à prestação de serviços públicos serão disciplinadas em lei", agregando-se ao sistema constitucional, por conseguinte, o valor "eficiência", na medida em que, malgrado propusesse disciplina em nível legal, ressaltava a busca de serviços públicos mais eficientes, ainda que fosse por meio de reclamação de parte dos usuários.

O que se pretende com a inscrição constitucional do princípio da eficiência não é promover suposta identificação do atuar administrativo com o comportamento dos demais entes privados, mas concitar os agentes públicos a atuarem de modo a prestar o serviço da forma mais expedita[(10)] e competente.

O Estado é instruído por propósitos completamente diferenciados das empresas privadas. Estas têm na prevalência do objetivo empresarial e do proveito econômico seus apanágios mais genuínos, ao passo que o ente estatal tem na consecução do interesse público a sua razão de ser e de existir. Só isso já seria mais do que bastante para evidenciar a diversidade de propósitos de um e outro, distinguindo radicalmente a eficiência na Administração daqueloutra perseguida pelas empresas.

Qual seria, então, o sentido de uma Administração "eficiente"?

Esclarece-nos *Hely Lopes Meirelles* ao caracterizá-la como um dos deveres da Administração Pública: "(...) é o que se impõe a todo agente público de realizar suas atribuições com presteza, perfeição e rendimento funcional. É o mais moderno princípio da função administrativa, que já não se contenta em ser desempenhada apenas com legalidade, exigindo resultados positivos para o serviço público e satisfatório atendimento das necessidades da comunidade

---

(10) "ADMINISTRATIVO. MANDADO DE SEGURANÇA. ATO OMISSIVO. AUTORIZAÇÃO. EXECUÇÃO DE SERVIÇOS DE RADIODIFUSÃO COMUNITÁRIA. 1. O exercício da atividade administrativa está submetido ao princípio da eficiência, nos termos do art. 37, *caput*, CF/88. 2. Configura-se ofensiva ao princípio da eficiência a conduta omissiva da autoridade competente, que deixa transcorrer longo lapso temporal sem processar pedido de autorização de funcionamento de rádio comunitária. 3. Ordem parcialmente concedida" (STJ – MS 7765 – DF – 1ª S. – Rel. Min. Paulo Medina – DJU 14.10.2002).

e de seus membros. (...) Eficiência funcional é, pois, considerada em sentido amplo, abrangendo não só a produtividade do exercente do cargo ou da função, como a perfeição do trabalho e a sua adequação técnica aos fins visados pela Administração, para o quê se avaliam os resultados, confrontam-se os desempenhos, e aperfeiçoa-se o pessoal através de seleção e treinamento. Assim, a verificação da eficiência atinge os aspectos quantitativo e qualitativo do serviço, para aquilatar do seu rendimento efetivo, do seu custo operacional, e da sua real utilidade para os administrados e para a Administração. Tal controle desenvolve-se, portanto, na tríplice linha administrativa, econômica e técnica".[11]

Portanto, a espécie administrativa que se propõe a promover redistribuição de processos em sede de execução se encontra plenamente adequada ao princípio da eficiência da Administração Pública, desde que posta-se indiscrepante o fim colimado pelo ato: *tornar a prestação jurisdicional mais célere, que, em outras palavras, significa justiça mais eficiente.*

8.4. Conclusão

Assim expendido, extraem-se as seguintes ilações:

8.4.1) A própria legislação processual comum não confere ao postulado da *perpetuatio jurisdictionis* foros de incidência incondicionada ou absoluta, tanto que indica a existência de duas circunstâncias impositivas à não perpetuação da jurisdição: a) supressão do órgão judiciário; b) alteração da competência em razão da matéria ou da hierarquia;

8.4.2) Diante da especificidade do processo trabalhista, exceções outras há ao princípio da perpetuação da jurisdição, tornando-o menos absoluto ainda no contexto desta Especializada, consoante registra o art. 872, da CLT, que pretende viabilizar a *expedita*, *rápida* e *célere* execução do dissídio coletivo julgado pelo Tribunal;

8.4.3) A natureza constitucionalmente conformadora do direito à cidadania em sentido estrito (art. 1º, II, da Constituição de 1988) torna-a vinculante para a edição de atos administrativos, porquanto não se efetiva o Princípio Fundamental em questão tão-só por meio da intermediação do legislador, mas, sobretudo, por via de prática administrativa no âmbito dos Poderes Executivo, Legislativo e Judiciário;

8.4.4) Não se reserva a órgãos diretores de Tribunais a faculdade de implementar concretamente os dispositivos de compostura programática, dentre os quais o direito individual à razoável duração do processo (art. 5º,

(11) *Op. cit.*, p. 86.

LXXVIII, da Constituição); materializa-se, de forma indiscutível, em autêntico dever cuja imposição se extrai diretamente da Constituição de 1988, máxime quando ato administrativo de redistribuição se dirige à efetivação de norma programática incluída no contexto dos direitos individuais e que guarda enorme afinidade com a própria atuação jurisdicional;

8.4.5) Ato administrativo de tal natureza não ofende o princípio do juiz natural por duas razões realmente significativas: a) não se trata de distribuição dirigida a um único órgão jurisdicional; b) os órgãos judiciais receptores dos processos de execução são também *juízes naturais* na medida em que configuram órgãos *abstrata e previamente indicados por lei em sentido material e formal* (no caso, a Lei n. 10.770/05) *para o julgamento de causas no âmbito da jurisdição trabalhista*, sendo que, se o ato administrativo se propuser à redistribuição de processos de execução entre Varas do Trabalho com idêntica competência territorial, não há como concluir pelo afastamento do postulado do juiz natural;

8.4.6) Eventual ato administrativo determinante da redistribuição de processos trabalhistas em fase de execução é perfeitamente conforme ao princípio da eficiência da Administração Pública, fundamentalmente porque se presta a buscar tornar prestação jurisdicional mais célere, ou seja, *justiça mais eficiente*.

Capítulo 9

O MINISTÉRIO PÚBLICO DO TRABALHO, A TUTELA COLETIVA E A CONSTITUIÇÃO DE 1988

9.1. Introdução

A tutela coletiva é um dado inafastável da realidade processual brasileira.

Conquanto se trate de tendência em nível mundial e destinada a extinguir o fenômeno relativo à *atomização da conflitualidade*, ou seja, a existência de milhares de conflitos individuais que poderiam ser resolvidos numa única ação, algumas perplexidades ainda rondam os órgãos jurisdicionais brasileiros, principalmente em tema de reconhecimento da legitimidade ativa do Ministério Público para a propositura de ações em defesa da coletividade.

E a Justiça do Trabalho também se insere nesse contexto de dificuldades encontradas pelo Ministério Público em ordem ao reconhecimento de sua qualidade para agir.

E, no particular, parece-nos estranho que assim se suceda, fundamentalmente porque os órgãos judiciários trabalhistas foram aqueles, no nosso País, que primeiramente se debruçaram sobre as ações coletivas, tal como ocorreu com os dissídios coletivos e as ações de cumprimento.

Logo, neste Capítulo, trataremos de enunciar algumas hipóteses de atuação do Ministério Público do Trabalho e a resposta conferida pela Justiça do Trabalho, indicativamente no que se relaciona à legitimação do *parquet*.

9.2. A legitimação do Ministério Público do Trabalho e a Constituição de 1988

Antes da apresentação do rol de casos e crítica às decisões exaradas, é indispensável a remissão aos dispositivos constitucionais que certificam a legitimidade do Ministério Público do Trabalho, bem assim da jurisprudência do Supremo Tribunal Federal.

De início, é evidente a importância do art. 127, *caput*, da Constituição Federal: "O Ministério Público é *instituição permanente*, *essencial à função jurisdicional do Estado*, incumbindo-lhe a defesa da *ordem jurídica*, do *regime democrático* e dos *interesses sociais* e *individuais indisponíveis*" (grifamos).

Pelas repercussões sociais que encerra, temos por indeclinável o exame circunstanciado do dispositivo.

Em primeiro lugar, observe-se o comando: "O Ministério Público é *instituição permanente*".

Ora, diante da locução constitucional, extraem-se conclusões importantíssimas, dentre as quais a de que se encontra absolutamente defeso ao constituinte derivado diminuir o espectro de atividade do Ministério Público, ou pior ainda, retirá-lo do sistema da organização das funções essenciais à Justiça no Brasil.

E é óbvio, se um órgão foi referido como "instituição permanente" pelo criador do Estado, não seria autorizado, de jeito algum, que "criatura" viesse a corromper a vontade do elemento criador.

Por conseguinte, a manutenção do Ministério Público no Capítulo IV, que trata das "Funções Essenciais à Justiça", de modo preciso no art. 127, *caput*, ingressa nos domínios das *vedações materiais implícitas*, isto é, embora não se adeque rigorosamente a nenhum dos incisos do art. 60, § 4º, da Constituição, é, por sua própria natureza e em razão do seu conteúdo, norma que não pode ser supressa da Constituição.

Em síntese: dizer que "é instituição permanente" significa proclamar a impossibilidade de o titular do poder reformador emitir juízo político acerca da conveniência ou não da estadia do *parquet*[1] no sistema constitucional.

(1) A expressão é francesa. Nenhuma relação tem, entretanto, com a idéia amplamente disseminada segundo a qual os membros do Ministério Público se posicionavam sobre o assoalho (*parquet*) do auditório, o que fez surgir a vinculação do órgão à terminologia francesa. Com tradução de Marcelo Navarro Ribeiro Dantas (Cf. *Princípio do Promotor Natural*, Salvador, Edições JusPodium, 2004), são bastante elucidativas as idéias de Jean Wolff: "o nome *parquet* é igualmente dado ao Ministério Público por referência à barreira em ripas de madeira que, desde a alta Idade Média, delimita o recinto, ao ar livre, ou a parte da sala de audiência na qual ficam os magistrados e os auxiliares da Justiça, separando-os, tanto simbólica quanto materialmente, do público e dos litigantes (ou seja, os *cancelos*). Etimologicamente, *parquet* é, com efeito, o antiqüíssimo diminutivo da palavra *parc*, surgida

Sobremais, interdita-se-lhe também a alteração das funções institucionais e das respectivas normas de organização, vedando-se, assim, eventual limitação ou, pior ainda, supressão das autonomias funcional, administrativa e financeira constitucionalmente reconhecidas, pois bem pode ser que tal iniciativa tenha por móvel adstringir a atuação do Ministério Público.

Também o dispositivo refere que o Ministério Público é "essencial à função jurisdicional do Estado".

O que isso significa?

Longe de estabelecer obrigatoriedade de atuação do Ministério Público a cada manifestação do órgão judiciário, estamos com *Hugo Nigro Mazzilli*, quando desvenda o verdadeiro *telos* deste trecho do art. 127, *caput*, da Constituição: "(...) com isso, diz menos do que deveria (o Ministério Público tem inúmeras funções exercidas independentemente da prestação jurisdicional, como na fiscalização de fundações e prisões, nas habilitações de casamento, na homologação de acordos extrajudiciais, no inquérito civil etc.), e, paradoxalmente, também diz mais do que deveria (pois o Ministério Público não oficia em todos os feitos submetidos à prestação jurisdicional)".(2)

Efetivamente, a essencialidade da atuação do Ministério Público no processo judicial se relaciona à natureza do interesse posto em lide, sendo impositivo que oficie, quer na condição de *custos legis* (órgão-fiscal, quando, por exemplo, emite pareceres ou exara despachos com o propósito de assegurar a fiel observância da lei), quer assumindo a posição de órgão-agente (quando propõe ações civis públicas, apenas para citar uma das formas de atuação), toda vez que os fatos sobre os quais verse a lide guardem vinculação com os interesses sociais e individuais indisponíveis, ou mesmo aqueles que, não marcados pelo signo da indisponibilidade, a lei considere necessária a sua intervenção.

Por fim, registra o dispositivo que cabe ao Ministério Público a *defesa da ordem jurídica*, do *regime democrático* e dos *interesses sociais e individuais indisponíveis.*

Defender a "ordem jurídica" não significa ser o defensor mero e simples do direito objetivo.

---

no século XIV. No século XVIII, a Enciclopédia de Diderot e d'Alembert evoca, aliás, a existência de diversos recintos chamados *parquets* nas salas de Justiça. Essa denominação, contrariamente a uma lenda complacentemente disseminada, não tem, portanto, nada a ver com o *assoalho* do auditório. No seio das Cortes do Antigo Regime, as *gens du roi* (denominação primeva dos agentes do Ministério Público) ficavam, assim, *dentro do* e não *sobre o* (*no*) *parquet*, sentados (e aí cai por terra outro mito, o da magistratura *debout*, ou de pé, embora seja freqüente, como o próprio autor em foco faz, referir-se aos juízes como magistrados do *siége*, isto é, do assento, ou *assises*, sentados, em contraposição aos representantes do MP) sobre os degraus flor-de-lisados diante do Primeiro Presidente e dos presidentes, no meio dos conselheiros da câmara de inquéritos e da câmara de requerimentos" (grifamos).

(2) Cf. *Introdução ao Ministério Público*, p. 21.

Deveras, a defesa da ordem jurídica pressupõe não apenas a atuação como órgão-fiscal (emissão de pareceres em processos judiciais), mas também a propositura de medidas judiciais(3) ou administrativas, que se destinem à sua proteção.

Assim, por exemplo, na eventualidade de propositura de lides simuladas pelas empresas, transformando a Justiça do Trabalho em mero órgão chancelador de acordos, quando o Ministério Público do Trabalho propõe ação civil pública no particular, o faz sob o domínio do enunciado previsto no art. 127, *caput* que ordena-lhe a defender a ordem jurídica.(4)

Também será com amparo no preceptivo que o Ministério Público solicitará ao órgão jurisdicional hierarquicamente superior que adote providências administrativas contra magistrados que estejam, mediante o descumprimento dos deveres funcionais, desrespeitando a ordem jurídica.

Como, por outro lado, entender objetivamente a defesa do "regime democrático"?

Note-se o seguinte: a alusão a regime democrático não está limitada ao plano dos direitos políticos.

Regime democrático, aqui na dicção do art. 127, *caput*, tem muito maior abrangência, visto que impõe a atuação do Ministério Público de uma forma geral, e o do Trabalho, em particular, para o fim de proteger o regime democrático

---

(3) O Tribunal Superior do Trabalho reconhece a legitimidade do Ministério Público do Trabalho inclusive para propositura de ação rescisória quando desrespeitada a ordem jurídica: "AÇÃO RESCISÓRIA. ACORDO JUDICIAL. MINISTÉRIO PÚBLICO. LEGITIMIDADE. ART. 485, V, DO CPC. ENUNCIADO N. 298 DO TST. As hipóteses das alíneas "a" e "b" do art. 487 do CPC, relativas à legitimidade do Ministério Público para ajuizar a ação rescisória, remetem na realidade à violação de dispositivo legal, vale dizer, aos arts. 83, 84 e 129 do CPC. Disso se pode inferir que a enumeração contida nas duas alíneas do art. 487 do CPC não é exaustiva, mas exemplificativa, em virtude da qual se impõe a ilação de o Ministério Público estar igualmente legitimado a propor ação rescisória com respaldo em qualquer dos motivos de rescindibilidade do art. 485, sobretudo o do inc. V do CPC, mesmo não tendo sido parte no processo original. É preciso, por outro lado, interpretar o art. 485, inc. II, que trata da legitimação do terceiro juridicamente interessado, no cotejo com o art. 127 da Constituição, pelo qual fora atribuído ao Ministério Público a defesa da ordem jurídica. Equivale a dizer ser possível ingressar com ação rescisória na condição de terceiro interessado se a sentença que julgou a lide do processo rescindendo tiver envolvido preceito de Lei cuja violação importe em *violação da própria ordem jurídica*, pois o seu interesse o será jurídico e não simplesmente econômico. A despeito dessas considerações, verifica-se que a decisão rescindenda acha-se materializada em sentença homologatória de transação judicial, dela não constando, embora o pudesse, nenhuma tese sobre a higidez do negócio jurídico à luz do art. 37, inc. II, da Constituição Federal, inviabilizando o corte rescisório, ante a falta do prequestionamento do Enunciado n. 298 do TST. Recurso a que se nega provimento" (TST – ROAR 14012 – SBDI 2 – Rel. Min. Antônio José de Barros Levenhagen – DJU 07.02.2003) (grifamos).

(4) "LIDE SIMULADA. EXTINÇÃO DO PROCESSO SEM ANÁLISE DO MÉRITO. Demonstrada a autêntica tentativa de simulação de transação, em reclamação trabalhista fictícia, correta a sentença primária que extingue o processo na forma do art. 129 do CPC, determinando a comunicação do fato ao Ministério Público e à OAB, para adoção das providências penais (arts. 171 e 203 do CP) e administrativas cabíveis (art. 35 da Lei n. 8906/94)" (TRT 10ª R. – ROPS 01760/2002 – 3ª T. – Rel. Juiz Douglas Alencar Rodrigues – DJU 09.08.2002).

no âmbito de suas atribuições, impedindo, por exemplo, por meio de medidas cautelares ou outras ações adequadas, o desvirtuamento da vontade de categoria profissional pela respectiva diretoria do grêmio representativo.

Por último, temos a defesa dos *interesses sociais* e *individuais indisponíveis*.

O que são "interesses sociais"?

Responde-nos *Miguel Seabra Fagundes*: "Ocorre *interesse social* quando o Estado esteja diante dos chamados problemas sociais, isto é, daqueles diretamente atinentes às classes pobres, aos trabalhadores e à massa do povo em geral, concernentes à melhoria nas condições de vida, a uma mais eqüitativa distribuição da riqueza, à atenuação das desigualdades em sociedade".(5)

E os interesses individuais indisponíveis? O que são?

Como evidente, se o interesse ingressa na seara da indisponibilidade, tem-se por certo que não será indene a manifestação de vontade do particular em linha de afirmação de sua renúncia ou aquiescência quanto a transação.

Logo, em sede de processo do trabalho, não será qualquer direito do trabalhador que se considerará indisponível, principalmente porque pode ele, em mesa de audiência, por exemplo, transacionar uma série de direitos contratuais, como é o caso de horas extraordinárias.

Contudo, o mesmo não deve ser dito com relação àqueles direitos trabalhistas que guardam apertada conexão com a indenidade biopsíquica do trabalhador, como é a hipótese de férias, e das normas relativas a medicina e segurança do trabalho.

Nesses casos, conquanto haja explícita declaração de vontade do laborista para afastar a obrigatoriedade da empresa quanto ao seu cumprimento, de nada valerá tal manifestação porquanto incide, na circunstância, o caráter tutelar dos preceitos trabalhistas que buscam a dignificação do trabalhador.

9.3. O Ministério Público do Trabalho e a legitimidade para a defesa de interesses transindividuais

Preceitua o art. 129, III, da Constituição que são funções institucionais do Ministério Público promover o inquérito civil e a ação civil pública, para a proteção do patrimônio público e social, do meio ambiente e de outros interesses *difusos* e coletivos.

Que são interesses difusos?

---

(5) Cf. FAGUNDES, Miguel Seabra, O *controle dos atos administrativos pelo Poder Judiciário*, pp. 385-386.

Responde-nos o art. 81, parágrafo único, I, do Código de Defesa do Consumidor: "(...), assim entendidos, para efeitos deste Código, os transindividuais, de natureza indivisível, de que sejam titulares pessoas indeterminadas e ligadas por circunstâncias de fato".

Por conseguinte, os interesses difusos obviamente ultrapassam a esfera de um sujeito de direito, podendo até mesmo concernir a interesse de toda a humanidade, como pode se operar relativamente à prática de ato ou omissão que importe em gravíssima transgressão ambiental com repercussão *world wide*. Conseqüentemente, os interesses difusos são os de natureza transindividual mais *amplos*.

Como fica a questão da legitimidade do Ministério Público do Trabalho para atuar?

Não nos parece que a situação enseje qualquer tipo de controvérsia, especialmente porque o art. 129, III, da Constituição deixa a nítida idéia quanto à qualidade para agir do Ministério Público do Trabalho em tema de tutela coletiva atinente aos denominados interesses difusos de compostura trabalhista.

Assim se pronunciam os tribunais trabalhistas.(6)

---

(6) "AÇÃO CIVIL PÚBLICA TRABALHISTA. LEGITIMIDADE DO MINISTÉRIO PÚBLICO DO TRABALHO. As relações de trabalho já não são vistas nos dias de hoje sob o prisma individual; antes, despertam interesse nos aspectos globais, que dizem respeito a todos os trabalhadores, ou a muitos deles, pois uma única e mesma conduta ilícita pode constituir violação de direitos ou interesses de centenas e até milhares de trabalhadores. A orientação diretora das reformas processuais do final de século aponta para a universalização da tutela jurisdicional e para a conseqüente criação de instrumentos modernos e hábeis para solucionar os conflitos envolvendo interesses difusos e coletivos em suas várias modalidades. Um desses novos instrumentos é a ação civil pública, cuja legitimidade ativa é atribuída ao Ministério Público pelo art. 129, III, da Constituição da República. A par dessa atribuição constitucional, a Lei Complementar n. 75/93, em seu art. 83, III, estabeleceu a competência do *parquet* no âmbito da Justiça do Trabalho, para defesa de interesses difusos e coletivos, quando desrespeitados os direitos sociais constitucionalmente garantidos aos trabalhadores. Por meio da ação civil pública o *parquet* cumpre sua missão de defender a própria ordem jurídica que assegura aqueles direitos, na tutela não somente de um grupo específico de trabalhadores, mas também dos futuros, dos ausentes, dos minoritários, dos dissidentes e dos desconhecidos, na expressão do eminente jurista Messias Pereira Donato. É de decisiva importância o comprometimento do Ministério Público e do Poder Judiciário na aplicação deste instrumento processual relativamente novo, que é a ação civil pública, pois permitirá extrair dela todo o seu potencial de virtude e eficácia, conforme pretendeu o legislador" (TRT 3ª R. – RO 1677/03 – 3ª T. – Rel. Juiz Sebastião Geraldo de Oliveira – DJMG 29.03.2003 – p. 8). E outra decisão, já, aqui, reconhecendo a legitimidade do *parquet* para a propositura de ação civil pública para obrigar empresa pública/sociedade de economia mista à realização de concurso público: "RECURSO DE REVISTA POR CONVERSÃO. AÇÃO CIVIL PÚBLICA PROPOSTA PELO MINISTÉRIO PÚBLICO DO TRABALHO. TUTELA COLETIVA. OBRIGAÇÃO DE NÃO FAZER. EMPRESA ESTATAL. CONCURSO PÚBLICO. EXIGÊNCIA DE AVALIAÇÃO PSICOLÓGICA OU TESTE PSICOTÉCNICO. COMPETÊNCIA DA JUSTIÇA DO TRABALHO. Diferentemente do entendimento adotado pelas instâncias ordinárias, é manifesta a competência da Justiça do Trabalho para instruir e julgar ação civil pública, de índole coletiva, proposta pelo Ministério Público do Trabalho em defesa da ordem jurídica trabalhista, visando à tutela dos direitos metaindividuais, isto é, dos interesses difusos dos cidadãos interessados no acesso ao emprego público oferecido pela Ré. Esta, embora sujeita ao regime jurídico próprio das empresas privadas, inclusive quanto às obrigações trabalhistas (CF, art. 173, § 1º, II), também está obrigada, como estatal, à observância do princípio da legalidade no que concerne à regulamentação do concurso público para provimento de seus empregos (CF, art.

O que dizer dos interesses coletivos? Tem legitimidade o *Parquet* para atuar nessa hipótese?

Inicialmente, deve-se registrar que coletivos são os interesses "(...) transindividuais de natureza indivisível de que seja titular grupo, categoria ou classe de pessoas ligadas entre si ou com a parte contrária por uma relação jurídica base" (art. 81, parágrafo único. II, do Código de Defesa do Consumidor).

A Justiça do Trabalho tem historicamente lidado com a discussão judicial em torno dos interesses coletivos.

Sem dúvida, os dissídios coletivos, seja de natureza econômica, seja de natureza jurídica, guardam em seu interior a pretensão obreira quanto à tutela de interesse de categoria, que outra coisa não é que interesse coletivo.

Logo, o fenômeno da conflitualidade em torno de interesses de categoria profissional reconduz ao debate judicial em torno de interesse coletivo.

Não há como recusar a qualidade para agir do Ministério Público do Trabalho em sede de proteção judicial dos interesses coletivos.

Se bem que nos pareça natural que o sindicato profissional assuma a dianteira em termos de proteção judicial dos interesses coletivos, máxime à vista de sua vinculação aos interesses da categoria profissional representada pelo sindicato, estamos convictos quanto à legitimação do Ministério Público do Trabalho em casos que tais.

Basta que se examine, mais uma vez, problema afeto à questão ambiental.

Tratando-se de demanda que envolva o cumprimento, pelo empregador, de normas de segurança e medicina do trabalho, a qualidade para agir do Ministério Público do Trabalho tanto decorre da expressão literal do art. 127, *caput*, da Constituição, ao dirigir-lhe o dever-poder de iniciativa em prol dos interesses indisponíveis — e o meio ambiente do trabalho encerra interesses desta compostura —, como, de contraparte, também se notará a eloqüente previsão do art. 129, III, que apresenta como função institucional do Ministério Público a defesa do *meio ambiente*, do patrimônio público e social e de outros interesses difusos e *coletivos*.

Ives Gandra da Silva Martins Filho põe fim elegantemente à controvérsia: "o sindicato defende os trabalhadores que a ordem jurídica protege (CF, art. 8º,

---

37, *caput*). Esse controle jurisdicional não pode ser subtraído à Justiça do Trabalho, estando a sua competência definida na 2ª parte do art. 114 da Constituição Federal, ainda que o litígio tenha origem na fase pré-contratual, como nas hipóteses da Lei n. 9.029, de 1995, que proíbe a adoção de qualquer prática discriminatória e limitativa para efeito de acesso à relação de emprego. Agravo provido. Recurso de Revista conhecido e provido" (TST – RR 702000 – 5ª T. – Rel. Min. Conv. Walmir Oliveira da Costa – DJU 01.10.2002).

III); e o Ministério Público defende a própria ordem jurídica protetora dos interesses coletivos dos trabalhadores".[7]

Maior discussão tem sido travada em tema de proteção judicial de interesses individuais homogêneos trabalhistas pelo Ministério Público do Trabalho.

O que são interesses individuais homogêneos?

Embora o art. 81, parágrafo único, III, do Código de Defesa da Consumidor apenas esclareça que individuais homogêneos são os interesses que têm origem comum, distanciando-se o diploma legal do rigor conceitual que acompanhou a definição dos interesses difusos e coletivos, podemos caracterizá-los como: i) interesses transindividuais, pois que ultrapassam a esfera de um sujeito de direito; ii) de natureza divisível, visto que os indivíduos podem buscar reparação por meio de ação individual; iii) em que os titulares encontram-se ligados por situação fática, tal como ocorre com os interesses difusos.

E é precisamente à conta da derradeira característica referida, ou seja, da possibilidade de propositura de ação individual pelo titular do interesse individual homogêneo, que, em verdade, defende-se que faleceria legitimação ao Ministério Público do Trabalho para provocar a Justiça do Trabalho em prol da tutela de tais interesses transindividuais.

Já defendemos que a qualidade para agir do MPT seria mantida quando evidenciado que a lesão perpetrada contra interesse individual homogêneo determinaria repercussão social direta, como, por exemplo, na hipótese de alteração unilateral da jornada de trabalho de aeronautas, para aumentá-la em três ou quatro horas. Nesse caso, teríamos inegável repercussão social direta diante da transgressão empresarial a interesse individual homogêneo de compostura trabalhista, porquanto o aumento do número de horas de prestação de trabalho induziria inexoravelmente à redução da qualidade do trabalho prestado pelo pilotos de aviação, com sério e gravíssimo risco de vida dos passageiros, da tripulação e da coletividade de uma forma geral.

Não mais adotamos o restritivo entendimento quanto à qualidade para agir do MPT no tocante aos interesses individuais homogêneos.

Com efeito, a legitimação ampla do Ministério Público do Trabalho deflui naturalmente do art. 129, III, da Constituição Federal, segundo o qual são funções institucionais do Ministério Público "promover o inquérito civil e a ação civil pública, para a proteção do patrimônio público e social, do meio ambiente e de outros *interesses difusos e coletivos*".

Como se vê, a Constituição não incluiu no texto qualquer remissão direta e explícita aos interesses individuais homogêneos; tal fato, por si só, não tem o condão de retirar do Ministério Público do Trabalho a qualidade para agir

(7) Cf. *Ação Civil Pública Trabalhista*, p. 30.

com relação aos interesses transindividuais em questão, posto que, consoante reiteradamente tem decidido o Supremo Tribunal Federal, os interesses individuais homogêneos são *subespécies* dos coletivos, que, por sua vez, estão taxativamente enunciados no art. 129, III, da Constituição Federal.

Algumas decisões do STF são de indeclinável referência quando o assunto é legitimação do Ministério Público para a defesa judicial de interesses individuais homogêneos.

Em primeiro lugar, observe-se o julgamento do RE n. 163.231/SP, rel. Min. Maurício Corrêa, DJ de 29.06.2001, quando restou consignado o seguinte: "RECURSO EXTRAORDINÁRIO. CONSTITUCIONAL. LEGITIMIDADE DO MINISTÉRIO PÚBLICO PARA PROMOVER AÇÃO CIVIL PÚBLICA EM DEFESA DOS INTERESSES DIFUSOS, COLETIVOS E HOMOGÊNEOS. MENSALIDADES ESCOLARES: CAPACIDADE POSTULATÓRIA DO *PARQUET* PARA DISCUTI-LAS EM JUÍZO. 1. A Constituição Federal confere relevo ao Ministério Público como instituição permanente, essencial à função jurisdicional do Estado, incumbindo-lhe a defesa da ordem jurídica, do regime democrático e dos interesses sociais e individuais indisponíveis (CF, art. 127). 2. Por isso mesmo detém o Ministério Público capacidade postulatória, não só para a abertura do inquérito civil, da ação penal pública e da ação civil pública para a proteção do patrimônio público e social, do meio ambiente, mas também de outros interesses difusos e coletivos (CF, art. 129, I e III). 3. Interesses difusos são aqueles que abrangem número indeterminado de pessoas unidas pelas mesmas circunstâncias de fato e coletivos aqueles pertencentes a grupos, categorias ou classes de pessoas determináveis, ligadas entre si ou com a parte contrária por uma relação jurídica base. 3.1. A indeterminidade é a característica fundamental dos interesses difusos e a determinidade a daqueles interesses que envolvem os coletivos. 4. Direitos ou interesses homogêneos são os que têm a mesma origem comum (art. 81, III, da Lei n. 8.078, de 11 de setembro de 1990), constituindo-se em subespécie de direitos coletivos. 4.1. Quer se afirme interesses coletivos ou particularmente interesses homogêneos, *stricto sensu*, ambos estão cingidos a uma mesma base jurídica, sendo coletivos, explicitamente dizendo, porque são relativos a grupos, categorias ou classes de pessoas, que conquanto digam respeito às pessoas isoladamente, não se classificam como direitos individuais para o fim de ser vedada a sua defesa em ação civil pública, porque sua concepção finalística destina-se à proteção desses grupos, categorias ou classe de pessoas. 5. As chamadas mensalidades escolares, quando abusivas ou ilegais, podem ser impugnadas por via de ação civil pública, a requerimento do Órgão do Ministério Público, pois ainda que sejam interesses homogêneos de origem comum, são subespécies de interesses coletivos, tutelados pelo Estado por esse meio processual como dispõe o art. 129, inciso III, da Constituição Federal. 5.1. Cuidando-se de tema ligado à educação, amparada constitucionalmente como dever do Estado e obrigação de todos (CF, art. 205), está o Ministério Público investido da capacidade postulatória, patente a legitimidade ad causam, quando o bem que se busca resguardar se insere na órbita dos interesses coletivos, em segmento de extrema delicadeza e de conteúdo social tal que, acima de tudo, recomenda-se o abrigo estatal. Recurso extraordinário conhecido e provido para, afastada a alegada ilegitimidade do Ministério Público, com vistas à defesa dos interesses de uma coletividade, determinar a remessa dos autos ao Tribunal de origem, para prosseguir no julgamento da ação."

Conquanto tenha sido assentada a qualidade para agir do Ministério Público em tema de mensalidades escolares, torna-se importante a alusão à jurisprudência do STF, posto que consolidou o entendimento de que os interesses individuais homogêneos configuram subespécies dos interesses coletivos, que são extraídos diretamente da Constituição Federal (art. 129, III).

Posteriormente, quando do julgamento do RE n. 393.229, rel. Min. Nelson Jobim, ao fazer referência também aos precedentes consignados nos RE's ns. 213.015-0 e 163.231/SP, em ambos rel. Min. Néri da Silveira, concluiu o STF que: "(...) AÇÃO CIVIL PÚBLICA. INTERESSES INDIVIDUAIS HOMOGÊNEOS. MINISTERIO PÚBLICO DO TRABALHO. ILEGITIMIDADE. Conquanto irrefutável o cabimento de ação civil pública na Justiça do Trabalho, trata-se de instituto concebido eminentemente para a tutela de interesses coletivos e difusos, quando desrespeitados os direitos sociais constitucionalmente garantidos. Ao órgão do Ministério Público do Trabalho não é dado manejá-la em defesa de interesses individuais homogêneos, cuja metaindividualidade exsurge apenas na forma empregada para a defesa em juízo. Embora de origem comum, trata-se de direitos materialmente divisíveis, razão pela qual a reparação decorrente da lesão sofrida pelo titular do direito subjetivo e sempre apurável individualmente. Exegese que se extrai da analise conjunta dos arts. 129, inciso III, da Constituição da Republica de 1988 c/c 83 da Lei Complementar n. 75/93. Embargos de que não se conhece.|| (fls. 459). O Ministério Público do Trabalho interpôs RE (fls. 471/494) para que fosse reconhecida sua legitimidade processual para defesa de interesses individuais homogêneos, com fundamento em precedentes do STF. O RE foi admitido (fls. 533/534). A PGR opinou favoravelmente a pretensão do Recorrente (fls. 541/545). Destaco do parecer: ... O E. Supremo Tribunal Federal, por ocasião do julgamento do Recurso Extraordinário n. 213.015-0, Relator Ministro NERI DA SILVEIRA, DJ de 24.05.2002, fixou o entendimento de que, independentemente da própria lei fixar o conceito interesse coletivo, ele e conceito de direito constitucional, .na medida em que a Carta Política dele faz uso para especificar as espécies de interesses que compete ao Ministério Público defender (CF, art. 129, III)||. Reportando-se ao RE n. 163.231- 3/SP, o E. Ministro NERI DA SILVEIRA recordou que, naquele julgado, a Corte havia fixado o entendimento de que são direitos ... coletivos aqueles pertencentes a grupos, categorias ou classes de pessoas determináveis, ligadas entre si ou com a parte contrária por uma relação jurídica base e que os Direitos ou interesses homogêneos são os que têm a mesma origem comum (art. 81, III, da Lei n. 8.078, de 11 de setembro de 1990) constituindo-se uma subespécie de direitos coletivos. (fls. 543). O acórdão recorrido está em confronto. Dou provimento ao RE. Publique-se. Brasília, 17 de dezembro de 2003. Ministro NELSON JOBIM Relator".

Logo, como se vê na ementa da decisão do STF, considera aquela Corte parte legítima o Ministério Público do Trabalho para a defesa judicial de interesses individuais homogêneos em virtude de se converterem em subespécies dos interesses coletivos, sendo que, com relação a estes, há — repita-se — explícita referência constitucional a respeito (art. 129, III).

E, por fim, na mais recente decisão do STF no particular, no caso o ARRE n. 394.180, cuja relatora foi a Min. Ellen Gracie, temos a seguinte ementa: "Assentada a premissa de que a lide em apreço versa sobre direitos individuais homogêneos, para dela divergir é necessário o reexame das circunstâncias fáticas que envolvem o ato impugnado por meio da presente ação civil pública, providência vedada em sede de recurso extraordinário pela Súmula STF n. 279. 2. Os precedentes mencionados na decisão agravada (RREE ns. 213.015 e 163.231) revelam-se perfeitamente aplicáveis ao caso, pois neles, independentemente da questão de fato apreciada, fixou-se tese jurídica no sentido da legitimidade do Ministério Público ajuizar ação civil pública na defesa de interesses individuais homogêneos na esfera trabalhista, contrária à orientação adotada pelo TST acerca da matéria em debate".

Também o Tribunal Superior do Trabalho tem sufragado a tese de qualidade para agir do *Parquet* no que concerne aos interesses individuais homogêneos de caráter trabalhista: "MINISTÉRIO PÚBLICO DO TRABALHO. AÇÃO CIVIL PÚBLICA. LEGITIMIDADE PARA TUTELAR DIREITOS INDIVIDUAIS HOMOGÊNEOS. O Ministério Público do Trabalho tem legitimidade para propor ação civil pública visando tutelar direitos individuais homogêneos. Direitos individuais homogêneos são todos aqueles que estão íntima e diretamente vinculados à esfera jurídica de pessoas facilmente identificáveis, de natureza divisível e decorrentes de uma realidade fática comum. São seus titulares ou destinatários pessoas que estão vinculadas por laços comuns com o agente causador da sua ameaça ou lesão e que, por isso mesmo, atingidos em sua esfera jurídica patrimonial e/ou moral, podem, individual ou coletivamente, postular sua reparação em juízo. Regra geral, sua defesa em juízo deve ser feita através da ação civil pública, nos termos do que dispõe o art. 81, III, da Lei n. 8.078, de 11.09.1990 (Código de Proteção e Defesa do Consumidor). O Supremo Tribunal Federal, em acórdão da lavra do Min. Maurício Corrêa, expressamente reconhece que os direitos individuais homogêneos constituem uma subespécie de interesses coletivos (STF, 2ª T. RE-163231-3/SP julgado em 1º.09.1996). Esta Corte, em sua composição plena, cancelou o Enunciado n. 310, tendo adotado o entendimento de que a substituição processual prevista no art. 8º, III, Constituição Federal não é ampla, mas abrange os direitos ou interesses individuais homogêneos (E-RR-175.894/95 Rel. Min. Ronaldo Lopes Leal julgado em 17.11.2003). Por conseguinte, está o embargante legitimado para, em juízo, postular, na condição de substituto processual, em nome dos substituídos, nos termos do que dispõe o art. 8º, III, da Constituição Federal, direitos individuais homogêneos, subespécie de direitos coletivos. Inteligência que se extrai dos arts. 129, III, da Constituição Federal, 83, III, da Lei Complementar n. 75/93 e 81 e 82 da Lei n. 8.078, de 11.09.1990. Recurso de revista conhecido e provido. (TST – RR 689716 – 4ª T. – Rel. Min. Mílton de Moura França – DJU 16.04.2004)".

Por fim, anote-se que, se a Constituição de 1988 elege como um dos princípios constitucionais mais relevantes o pertinente à *democracia participativa*, e se, de outro tanto, o indigitado postulado não produz conseqüências apenas no plano político para determinar, sempre, como direito fundamental do cidadão a participação nas decisões políticas, é claro que o princípio deve ser atualizado para fazer com que o Poder Judiciário se abra às discussões sobre interesses relevantes da coletividade. E, como resulta óbvio, constatamos que a jurisprudência do STF e do TST está em linha de afirmação da democracia participativa, aqui para tornar o Poder Judiciário uma função estatal a serviço do pluralismo.

9.4. A Tutela Coletiva, o Ministério Público do Trabalho e o Art. 16, da Lei n. 7.347/85

Remitimo-nos, de imediato, à redação do art. 16, da Lei n. 7.347/85: "A sentença civil fará coisa julgada *erga omnes*, nos limites da competência territorial do órgão prolator, exceto se o pedido for julgado improcedente por insuficiência de provas, hipótese em que qualquer legitimado poderá intentar outra ação com idêntico fundamento, valendo-se de nova prova".

Vê-se, assim, que em sede de tutela coletiva, o legislador infraconstitucional dispôs expressamente que a sentença coletiva somente poderá desencadear efeitos nos precisos limites territoriais do órgão prolator da decisão.

Assim entendem alguns Tribunais Trabalhistas: "AÇÃO CIVIL PÚBLICA. COMPETÊNCIA TERRITORIAL DAS VARAS. Não se pode acolher a alegação do d. Ministério Público, no sentido de que não haveria a limitação territorial de competência das varas do trabalho, sendo preventa aquela que primeiro fosse acionada, quando o dano envolvesse estabelecimentos da empresa localizados em mais de uma jurisdição. Que o art. 16 da Lei n. 7347, de 24.07.85, que disciplina a ação civil pública, dispõe que a sentença civil fará coisa julgada *erga omnes*, nos limites da competência territorial do órgão prolator, ..., Deixando patenteado que deve ser respeitada a competência territorial do órgão julgador" (TRT 3ª R. – RO 10496/00 – 1ª T. – Relª Juíza Maria Cecília Alves Pinto – DJMG 10.03.2001 – p. 13).

Parece-nos, no entanto, que seria simplesmente ridícula a previsão normativa, não fosse também atentatória às garantias processuais e à defesa dos direitos humanos transindividuais!

Onde quis chegar o legislador com tamanha tolice?

Sabe-se muito bem que é o pedido o fator determinante para a transcendência ou não do julgado; se o pleito é transcendente aos limites territoriais do órgão responsável pela decisão, uma vez promovida a tutela por meio da sentença, é óbvio que o julgado não poderá, *jamais*, ficar limitado à competência territorial do juízo.

Utilizemos o didático recurso do exemplo.

Imagine-se, nesse passo, que o promotor de Justiça de determinada comarca tenha proposto ação civil pública com o fim de compelir determinada empresa a paralisar a atividade poluidora de um rio que corta dois municípios que contam com duas comarcas distintas, porém bastante próximas uma da outra.

Pergunta-se: promovida a tutela judicial do interesse difuso (no caso a defesa do meio ambiente natural), seria razoável ou são entender que a decisão valeria apenas nos limites da comarca? Se compreender-se desse modo, estaria o empresário autorizado a construir um duto de alguns poucos metros e continuar poluindo o rio mediante o despejo de detritos no território de município vizinho?

A resposta deve ser pronta e incisiva: não, não e não!

Sendo certo que a ação civil pública é instrumento processual de tutela de direitos fundamentais da mais alta relevância, como é o caso do meio ambiente, seria extremamente pernicioso à defesa da cidadania que o Poder Judiciário pudesse se valer do comando do art. 16, da Lei n. 7.347/85 para coonestar com vilipêndio ambiental praticado pela empresa.

De mais a mais, seguindo-se o caminho da interpretação literal do dispositivo em apreço, estaríamos diante da possibilidade de invocar a tese — para gáudio de muitos e infelicidade de tantos outros — de que o casamento só vale na comarca onde foi celebrado...

Capítulo 10

A INVIOLABILIDADE DO DOMICÍLIO E O ART. 770 DA CONSOLIDAÇÃO DAS LEIS DO TRABALHO

10.1. Colocação do Problema

O art. 770, da Consolidação das Leis do Trabalho, ao disciplinar a realização dos atos processuais, assenta que "(...) serão públicos, salvo quando o contrário determinar o interesse social, e realizar-se-ão nos dias úteis das 6 (seis) às 20 (vinte) horas".

Por sua vez, o art. 5º, XI, da Constituição Federal, prescreve que "a casa é asilo inviolável do indivíduo, ninguém nela podendo penetrar sem consentimento do morador, salvo em caso de flagrante delito ou desastre, ou para prestar socorro, ou, durante o dia, por determinação judicial".

Como se vê, as exceções firmadas em nível constitucional à inviolabilidade do domicílio são apenas as relacionadas ao flagrante delito ou desastre, à prestação de socorro, ou, por determinação judicial, durante o dia.

Examinado o dispositivo constitucional em questão, é intuitivo que a realização de atos processuais ordenados por magistrados trabalhistas deve ser balizada pela consideração do que pode propriamente ser considerado como *dia*.

10.2. Solução da Controvérsia à Luz do Sistema Constitucional

Deveras, embora não tenha havido delimitação objetiva do que é *dia* para os efeitos da tutela constitucional, posta-se indiscrepante que o direito individual em questão se destina a proteger a *noite*, período em que o indivíduo encontra-se na sua residência, no seu lar, ou no seu domicílio – para utilizar-se da locução constitucional.

Logicamente, portanto, embora não subsista no sistema constitucional e nem na legislação ordinária o conceito de *dia*, é óbvio que o período diurno — no qual são autorizados os atos processuais determinados pelas autoridades jurisdicionais — não poderá ser *superior* ao período *noturno*, pena de restrição inconstitucional do direito à inviolabilidade do domicílio.

Sendo assim, observa-se que a redação do art. 770, *caput*, da CLT encontra-se em franca oposição ao disposto no art. 5º, XI, da Constituição Federal, visto que, ao permitir a realização dos atos processuais, inclusive o cumprimento de mandados, no período das 6 às 20:00 h, matematicamente se comprova que o dia — no qual se autoriza a realização dos anteditos atos — conta com 14 horas, remanescendo apenas 10 horas para o período considerado *noite*.

Ora, sendo certo que a proteção constitucional se dirige à *noite* e não ao *dia*, a fim de que a pessoa não sofra invasão no seu domicílio no período noturno, preservando-se-lhe, sobremais, os direitos individuais à intimidade e à vida privada (art. 5º, X, da Constituição), percebe-se que o art. 770, da CLT simplesmente não foi objeto de *recepção constitucional*.

Luiz Alberto David Araújo e *Vidal Serrano Nunes Júnior* não esgrimem dúvidas sobre a interpretação que mais eficácia atribui à inviolabilidade do domicílio: "Para efeitos de interpretação constitucional, a palavra 'dia' encontra antônimo em noite, sendo esta objeto de proteção maior do constituinte. O 'dia', assim, ficaria 'desprotegido' e a noite, mais protegida. O constituinte, na verdade, traçou um limite para o legislador infraconstitucional que pretendesse conceituar dia e noite, no sentido de que a idéia de 'dia' não ultrapasse doze horas, de forma que o período protegido (noite) mantenha, no mínimo, também doze horas. O limite do legislador infraconstitucional vem determinado pela logicidade e isonomia dos antônimos. Por esse raciocínio, o 'dia' poderia ser definido como um período de menos de doze horas, pois, nesta hipótese, estaríamos protegendo mais a noite, momento em que há garantia constitucional. Não estaria, dessa maneira, havendo violação da proteção constitucional pelo legislador infraconstitucional. A fixação, respeitado o parâmetro constitucional exigido, ficaria a cargo do legislador infraconstitucional ou mesmo do entendimento jurisprudencial, que, no caso, deveria apenas se limitar ao princípio da razoabilidade na análise da fixação"[(1)].

O próprio Código de Processo Civil, antes da alteração consumada pela Lei n. 8.952/94, fixava que "os atos processuais realizar-se-ão em dias úteis, das seis (6) às dezoito (18) horas", com o que, de modo induvidoso, reverenciava

(1) Cf. *Curso de Direito Constitucional*, p. 146.

a legislação processual civil o bem jurídico objeto de tutela constitucional, no caso a inviolabilidade do domicílio, notadamente porque o período fixado não ultrapassava a doze horas.

É verdade que a redação atual estendeu o horário para a realização dos atos processuais, tornando-se idêntica ao enunciado previsto na legislação consolidada.

Tal fato não repugna considerar que os tribunais trabalhistas devem, no exercício de regulamentação de atividade administrativa, porfiar pela consecução dos direitos e garantias individuais recolhidos na Constituição de 1988, máxime tendo em vista que a função administrativa não está obrigada ao atendimento de atos normativos reconhecidamente inconstitucionais.

Com efeito, há hipóteses nas quais a declaração de inconstitucionalidade produzirá tão-só efeitos *ex nunc* ou *pro futuro*. Logo, ao impedir-se que, no âmbito da administração pública, afaste-se a aplicação de norma suspeita de inconstitucionalidade, significa admitir o desencadeamento de efeitos nocivos ao interesse público até que, por definitivo, o Poder Judiciário declare a existência do vício. Conseqüentemente, a própria redação atribuída ao art. 27, da Lei n. 9.868/99 serve de perfeito fundamento para a recusa de aplicação de lei ou ato normativo pela Administração quando seja fundadamente inconstitucional, porquanto há situações em que se não presencia retroeficácia na declaração, advindo daí possível efeito danoso ao patrimômio público ou ao exercício dos direitos individuais, cumprindo ao Poder Judiciário, em sede de função administrativa, atuar preventivamente de molde a obstar se consolide essa situação.

Sobremais, registre-se que o art. 144, da Constituição Federal — norma de caráter programático que vincula a atividade discricionária da Administração (cf. *José Afonso da Silva*, Aplicabilidade das Normas Constitucionais, São Paulo: Malheiros Editores, 3. ed., 1998, p. 150) — salienta que "a segurança pública, dever do Estado, direito e responsabilidade de todos, é exercida para a preservação da ordem pública *e da incolumidade das pessoas* e do patrimônio (...)". Com isso, torna-se indeclinável à administração dos tribunais proteger a indenidade física dos indivíduos, e, no particular, cumpre-lhe, no tocante aos oficiais de Justiça, determinar que o horário para cumprimento dos mandados não se estenda para além das dezoito horas, tudo com o propósito de salvaguardar-lhes a integridade física.

Capítulo 11

EXEGESE DO ART. 114 DA CONSTITUIÇÃO

11.1. Crítica ao alargamento da competência material da Justiça do Trabalho

Em trabalho científico destinado ao exame das conexões havidas entre as normas constitucionais e o processo do trabalho, consideraríamos "estelionato intelectual" não referir os dispositivos da Constituição de 1988 que disciplinam a competência material da Justiça do Trabalho, principalmente após a mudança ocorrida a partir da promulgação da EC n. 45/04.

Certamente, no âmbito da conhecida "Reforma do Judiciário" houve intensa mobilização de lideranças de magistrados trabalhistas com o fim de alargar a competência da Justiça do Trabalho.

De nossa parte, consideramos um grande e grave equívoco o agigantamento da competência material com a alteração do art. 114, da Constituição mediante a inclusão de nove incisos.

Em primeiro lugar, a Justiça do Trabalho tem a sua importância historicamente vinculada à tentativa de promover a dignificação do trabalho humano *subordinado* e realizado *por conta alheia*.

Remeter aos órgãos jurisdicionais trabalhistas, por exemplo, a competência para, de ofício, promover execução de contribuição previdenciária, em nada consolidará a sua importância para a estrutura do Poder Judiciário brasileiro, pois temos uma sociedade absolutamente desigual, com fortíssima disparidade na distribuição de renda e caracterizada pelo atavismo da desvalorização do trabalho humano.

Logo, é no seio da relação de emprego, que estampa os elementos *subordinação jurídica*, *onerosidade* e *não-eventualidade na prestação do trabalho*, que se eleva a importância da Justiça do Trabalho, pois não podemos admitir a competência material para a solução de dissídios individuais de autônomos — como se está delineando — antes de solucionar a grave chaga do trabalho da criança e do adolescente, do trabalho escravo, da discriminação nas relações de trabalho.

A história brasileira tem demonstrado nossa habilidade em ultrapassar etapas deixando pendentes todos os problemas que aconteceram no passado, fazendo com que retornem ou assumam novas formas com proporções verdadeiramente assustadoras.

Foi o que aconteceu com a mudança do art. 114, da Constituição Federal.

Sem que resolvamos problemas cruciais atinentes à relação de emprego, nos pomos, agora, sem qualquer cerimônia, a todo tipo de pronunciamento afeto a relações de trabalho, desde a tentativa de trazer à Justiça do Trabalho a competência para julgamento de conflitos entre servidores públicos *stricto sensu* e a Administração Pública (o que foi felizmente rechaçado pelo STF nos autos da ADIN n. 3.395-DF), passando por mandados de segurança, *habeas corpus* e até *habeas data*, quando o ato questionado envolver matéria trabalhista, e culminando com o julgamento de outras controvérsias decorrentes da relação de trabalho.

"Quem muito abraça pouco aperta" — diz conhecido e antigo adágio popular...

E é esse o espírito que nos moverá quando interpretarmos os incisos do art. 114, da Constituição: admitir a interpretação restritiva como única forma para fazer com que a Justiça do Trabalho alcance a sua verdadeira missão institucional, que é a dignificação do trabalho humano.

3.2. O Art. 114, incisos I/IX, da Constituição

No que concerne ao inciso I, ao registrar que compete à Justiça do Trabalho processar e julgar "as ações oriundas da relação de trabalho, abrangidos os entes de direito público externo e da administração pública direta e indireta da União, dos Estados, do Distrito Federal e dos Municípios", duas questões devem ser analisadas: a competência firmada para o julgamento de servidores públicos *stricto sensu* e a definição do que é "relação de trabalho".

Quanto ao primeiro tema, recorde-se que competência da espécie fora destinada à Justiça do Trabalho pela Lei n. 8.112/90, cujas alíneas do art. 240 lhe cometiam o papel de órgão julgador dos dissídios individuais e coletivos entre os servidores públicos estatutários e a Administração Pública, o que, à época, ensejou a propositura de ação direta de inconstitucionalidade pelo então Procurador-Geral da República, *Aristides Junqueira Alvarenga*, tendo o STF sufragado o entendimento da incompatibilidade vertical dos dispositivos impugnados com o art. 114, da Constituição Federal.(1)

Após a promulgação da EC n. 45/04, e em virtude de, mais uma vez, ter sido dirigida tal competência à Justiça do Trabalho, foi proposta ação direta de inconstitucionalidade pela Associação dos Juízes Federais, aduzindo ofensa ao processo legislativo inerente às emendas constitucionais, além de ofensa a dispositivos da Constituição.

Conquanto, como dito, tenha a EC n. 45/04 alargado sensivelmente a competência material da Justiça do Trabalho, o Supremo Tribunal Federal, ao decidir, em sede de liminar nos autos da Ação Direta de Inconstitucionalidade n. 3.395-DF, concluiu "(...) suspendendo toda e qualquer interpretação (...) que inclua, na competência da Justiça do Trabalho, (...) a apreciação de causas que sejam instauradas entre o Poder Público e seus servidores (...)", afastando, por conseguinte, o julgamento de tais ações por órgãos jurisdicionais trabalhistas.(2)

E o que dizer do conceito de "relação de trabalho"? Após a EC n. 45/04, seria possível concluir que todas as controvérsias inerentes a quaisquer relações de trabalho estão sob o eixo da competência da Justiça do Trabalho?

Não parece acertado concluir desse modo.

De início, cumpre salientar que a Justiça do Trabalho é corolário da criação do direito do trabalho, domínio normativo forjado no contexto da sociedade moderna e instruído pela princípio da não-neutralidade.

Logo, a Justiça do Trabalho é naturalmente protetiva do trabalho humano e tal caráter cinge a sua natureza de forma tão marcante que eventual afastamento desta realidade imporia até a extinção dos órgãos judiciais trabalhistas.

---

(1) *RTJ*, 145/68.

(2) "(...) entendeu-se estarem presentes os requisitos para a manutenção da liminar concedida. Considerou-se pertinente a interpretação conforme à Constituição emprestada pela decisão, em face do caráter polissêmico da norma em análise. Salientou-se, no ponto, a decisão do STF no julgamento da ADI n. 492/DF (DJU de 12.3.93), na qual se concluíra pela inconstitucionalidade da inclusão, no âmbito da competência da Justiça do Trabalho, das causas que envolvam o Poder Público e seus servidores estatutários, em razão de ser estranho ao conceito de relação de trabalho o vínculo jurídico de natureza estatutária existente entre servidores públicos e a Administração. Afastou-se a alegação de inconstitucionalidade formal, uma vez que a redação dada pelo Senado Federal à norma e suprimida na promulgação em nada alteraria o âmbito semântico do texto definitivo, mas somente tornaria expressa, naquela regra de competência, a exceção, concernente aos servidores públicos estatutários, que o art. 114, I, da CF, já contém de forma implícita. Também reputou-se presente o requisito do periculum in mora, visto que os possíveis transtornos e protelações no curso dos processos causados por eventuais conflitos de competência, com danos às partes e à própria Jurisdição, estariam a demonstrar o grave risco que poderia acarretar o indeferimento da liminar. Vencido o Min. Marco Aurélio que não referendava a decisão. ADI n. 3395/DF, rel. Min. Cezar Peluso, 5.4.2006" (Fonte: Informativo STF n. 422)

Por isso que, ao examinar o conceito de "relação de trabalho" e sua importância para a delimitação da competência material da Justiça do Trabalho, se converterá em ignominioso atentado contra a proteção ao trabalho humano (a ela fixada precipuamente) concluir que o conceito em questão abrange *toda e qualquer relação de trabalho*, pois, com evidência, ainda que se desloquem todos os recursos de todo o Poder Judiciário brasileiro para o aparelhamento da Justiça do Trabalho com vista a tal fim, dadas as multitudinárias combinações de situações fáticas afetas ao mundo do trabalho, não haverá condição humana de solucionar o grande número de conflitos postos à sua apreciação, impondo, além disso, insidioso retardo no julgamento dos verdadeiros dissídios responsáveis pela sua criação, que são aqueles referentes a empregado e empregador.

É lógico que diante da nova redação impressa ao art. 114, I, não se poderá desprezar o conceito de "relação de trabalho" para fixar a competência da Justiça do Trabalho apenas para apreciação dos conflitos entre empregado e empregador, máxime porque "relação de trabalho" encerra realidade mais abrangente do que "relação de emprego"; contudo, o alargamento da competência material induzirá, inclusive, à atração de dissídios que mais se confundem com *relações de consumo* do que propriamente com aqueles decorrentes de relação de trabalho.

Por outro lado, é necessário também apontar o enunciado normativo do art. 114, IX, que atribui à Justiça do Trabalho a competência para o julgamento de "outras controvérsias decorrentes da relação de trabalho, *na forma da lei*" (grifamos).

Sendo assim, há controvérsias decorrentes de relação de trabalho que prescindem da atuação do legislador ordinário para a fixação da competência da Justiça do Trabalho: é a prevista no art. 114, I. Mas há outras a respeito das quais não se deve extrair a competência material diretamente da Constituição de 1988: são as referidas no art. 114, IX.

Por conseguinte, precisar quais são as controvérsias que impõem exame imediato e quais as subordinadas à edição de normatividade pelo legislador infraconstitucional é procedimento indeclinável após a promulgação da EC n. 45/04.

Posto desta forma, esclareça-se que o direito do trabalho convive atualmente com o fenômeno da *parassubordinação*, que significa simplesmente prestação de trabalho com grande autonomia por parte do prestador.

Até a EC n. 45/04, não se admitia a provocação da Justiça do Trabalho para o exame de tais conflitos, dada a vinculação à análise das controvérsias inerentes à relação de emprego, marcada, como cediço, pelo fenômeno da *subordinação*. A parassubordinação, em rigor, determinava, de imediato, o afastamento do juiz do trabalho quanto à apreciação do dissídio.

Por conseqüência, temos que o art. 114, I, autoriza o envio aos órgãos jurisdiconais trabalhistas de dissídios que, agora, envolvam trabalhadores em regime de *parassubordinação*, como se sucede, por exemplo, com os representantes comerciais autônomos contratados rigorosamente de acordo com as prescrições da Lei n. 4.886/65, alterada pela Lei n. 8.420/92.(3)

Aderimos, assim, à corrente restritiva da competência material da Justiça do Trabalho, concluindo o seguinte: a) persiste, obviamente, a competência para o julgamento de ações entre empregado e empregador; b) a "relação de trabalho" compreendida na sua competência não se estende para o exame de controvérsias de trabalhadores autonômos (médicos, arquitetos, corretores, advogados, etc.) — salvo se lei ordinária dispuser expressamente a respeito, conforme faculta o art. 114, IX —, mas tão-só de relações de trabalho caracterizadas pela antedita parassubordinação, como acontece com os representantes comerciais autônomos.

O art. 114, II, comete à Justiça do Trabalho a competência para o julgamento de ações que envolvam exercício do direito de greve.

Conseqüentemente, a partir da promulgação da EC n. 45/04, todas as questões relativas ao exercício do direito de greve devem ser examinadas pela Justiça do Trabalho.

Compreende-se a extensão: antes da EC n. 45/04, muitas decisões da Justiça Comum impuseram severa restrição ao exercício do direito de greve pelos trabalhadores por meio de tutela jurisdicional de interditos proibitórios propostos por empresas;(4) agora, com a nova redação, todas as repercussões

(3) Se ficar evidenciada a existência de subordinação jurídica, a jurisprudência se inclina fortemente pelo reconhecimento do vínculo empregatício: "RELAÇÃO DE EMPREGO. REPRESENTANTE COMERCIAL. A dicotomia codicista trabalho subordinado e trabalho autônomo persiste no nosso ordenamento jurídico, levando a jurisprudência a se apegar a critérios práticos para definir a relação concreta. No campo da ciência jurídica, ao lado de casos típicos, cuja classificação não enseja dúvidas, existem figuras intermediárias que se situam nas chamadas zonas grises, cujo enquadramento apresenta-se difícil, ensejando certa complexidade. Esse fato ocorre, muitas vezes, quando se torna necessário realizar o enquadramento do vendedor como trabalhador subordinado ou como representante comercial autônomo. E a Lei n. 4.886/65, que disciplina o trabalho deste último, dificulta ainda mais esse enquadramento quando estabelece, para o representante comercial, além do serviço não eventual (art. 1º), certos elementos que, a rigor, serviam para definir a subordinação, entre os quais, a fixação e restrição de zona de trabalho, a proibição de autorizar descontos, a obrigação de fornecer informações detalhadas sobre o andamento do negócio e a observância às instruções do representado (arts. 27, 28 e 29). Assim, restam como critérios favoráveis à caracterização da subordinação a existência de fiscalização do serviço executado, pela empresa; a obediência a métodos de venda; a ausência de apreciável margem de escolha dos clientes e de organização própria, como também o risco a cargo do dador de trabalho e cota mínima de produção. Comprovado nos autos que a prestação de serviços se desenvolveu sob o controle direto do supervisor da reclamada, o qual cobrava o cumprimento de cotas e de produtividade; e que o autor não possuía autonomia na escolha dos clientes tampouco organização própria, caracterizada está a subordinação jurídica, de que cogita o art. 3º da CLT. Mantém-se a decisão de primeiro grau que reconheceu a existência de vínculo empregatício entre as partes, pois a relação jurídica está sob a égide do Direito do Trabalho" (TRT 3ª R. – RO 0170/02 – 2ª T. – Relª Juíza Alice Monteiro de Barros – DJMG 09.02.2002 – p. 09).

(4) "INTERDITO PROIBITÓRIO. PIQUETES GREVISTAS. AMEAÇA DE FECHAMENTO DE AGÊNCIAS BANCÁRIAS. DIREITO DE GREVE. GARANTIA CONSTITUCIONAL QUE NÃO IMPLICA AUTORIZAÇÃO PARA COMETER CRIMES. 1. O exercício da proteção possessória por instituição financeira cujas

de color trabalhista e civil serão analisadas pela Justiça do Trabalho, particularmente no tocante às últimas no que se refere às reparações pelo exercício abusivo do direito que tenha causado dano ao patrimônio material e imaterial da empresa.

O art. 114, III, enuncia a competência da Justiça do Trabalho para o julgamento das ações sobre representação sindical, entre sindicatos, entre sindicatos e trabalhadores, e entre sindicatos e empregadores.

O dispositivo permite considerar que o juiz do trabalho é competente para apreciar e julgar não apenas as ações sobre representação sindical entre os órgãos e pessoas enumeradas no enunciado, mais ainda quando separada entre vírgula as expressões "representação sindical" e as demais indicadas no preceptivo.(5)

Assim entendendo, convergimos para a conclusão doutrinária segundo a qual, após a EC n. 45/04, estão superados os conteúdos da Súmula n. 222 do STJ e da OJ n. 290, da SDI-1, do TST,(6) cabendo à Justiça do Trabalho, segundo explicita João Oreste Dalazen, o julgamento dos seguintes conflitos: a) *intersindicais de representatividade* — afetos ao reconhecimento judicial do direito de representação da categoria pelo sindicato; *dissídio declaratório de vínculo jurídico-sindical* — procedimento judicial tendente a viabilizar a vinculação de sindicato a entidade sindical superior; *dissídio para anulação de eleição sindical* — ação destinada a obter provimento judicial declaratório da ilegalidade do processo eleitoral no sindicato; *dissídio para anulação de assembléia sindical* — dissídio instalado entre membro da categoria e o próprio sindicato e destinado a obter a anulação judicial da decisão assemblear; *dissídio sindicais sobre contribuições* — ainda que estipuladas em sede assemblear, comete-se à Justiça do Trabalho o processamento das ações ou a execução.(7)

---

agências estão ameaçadas de fechamento pelos piquetes grevistas, encontra amparo nos arts. 501 do Código Civil e 932 do CPC. 2. A garantia do direito de greve, expressamente consagrada na Constituição da República, não implica autorização para que os integrantes do movimento reivindicatório pratiquem atos que a legislação penal tipifica como ilícitos. 3. Apelação do sindicato não provida" (IRP) (TJRJ – AC 21981/2001 – (2001.001.21981) – 17ª C. Cív. – Rel. Des. Bernardo Garcez – J. 07.11.2001).

(5) Cf. COUTO,Osmair e LUZ, Renato de Oliveira, *A competência da Justiça do Trabalho para conhecer as ações sobre representação sindical — ações entre sindicatos — ações entre sindicatos e trabalhadores e entre sindicatos e empregadores por força da EC n. 45/2004*, p. 97.

(6) Súmula n. 222, STJ: "Compete à Justiça Comum processar e julgar ações relativas à contribuição sindical prevista no art. 578, da CLT"; OJ n. 290, da SDI-1, TST: "Contribuição sindical patronal. Ação de cumprimento. Incompetência da Justiça do Trabalho. É incompetente a Justiça do Trabalho para apreciar a lide entre sindicato patronal e a respectiva categoria econômica, objetivando cobrar a respectiva contribuição assistencial". Ver os comentários feitos ao inciso III do art. 114 por Osmair Couto e Renato de Oliveira Luz (*Op. cit.*, p. 98)

(7) Cf. *A reforma do Judiciário e os novos marcos da competência material da Justiça do Trabalho no Brasil*, pp. 164-170.

Pela Justiça do Trabalho, doravante, serão julgados os mandados de segurança, *habeas corpus* e *habeas data*, quando o ato questionado envolver matéria sujeita à sua jurisdição. É a dicção do art. 114, IV.

No particular, nunca houve discussão sobre a possibilidade de impetração de mandado de segurança na Justiça do Trabalho; as oposições se dirigiam contra a utilização de *habeas corpus*[(8)] e *habeas data*.

Quanto à impetração de *habeas corpus*, a literalidade do art. 114, IV, evanesce qualquer dúvida porventura ainda existente.

No que se refere, contudo, à utilização de *habeas data*, já defendemos, antes da EC n. 45/04,[(9)] que a impetração estava condicionada à existência de relação de trabalho — conclusão evidentemente afastada diante da nova realidade da competência material da Justiça do Trabalho

É também da Justiça do Trabalho a competência para julgar os conflitos de competência entre órgãos com jurisdição trabalhista, ressalvado o disposto no art. 102, I, *o*.

Em verdade, sempre foi pacífica a competência dos tribunais trabalhistas para o julgamento de conflitos positivos ou negativos de competência entre órgãos vinculados à sua jurisdição; a controvérsia se reduzia às hipóteses, por exemplo, de conflitos havidos entre juízes do trabalho e juízes de direito, ainda que investidos de jurisdição trabalhista.

Com a redação do art. 114, V, não se esgrimirá mais qualquer dúvida acerca da competência da Justiça do Trabalho, inclusive para juízes de direito eventualmente no exercício de jurisdição trabalhista, pois a redação alude a órgãos *com* jurisdição[(10)] e não *da* jurisdição trabalhista.

Todavia, se o caso é de conflito entre juiz de direito que aja nessa qualidade, a competência para dirimi-lo será do Superior Tribunal de Justiça, *ex vi* do art. 105, I, *d*, da Constituição Federal.[(11)]

Bastante controvertida foi a competência ditada no art. 114, VI, e relacionada ao julgamento de ações de indenização por dano moral ou patrimonial, decorrentes da relação de trabalho.

---

(8) "PROCESSUAL PENAL. *HABEAS CORPUS*. JUSTIÇA DO TRABALHO. COMPETÊNCIA. RECLAMAÇÃO TRABALHISTA. DEPOSITÁRIO. PENHORA DE RENDA DA EMPRESA RECLAMADA. SÓCIO-PROPRIETÁRIO. NOMEAÇÃO COERCITIVA. PRISÃO. CONSTRANGIMENTO ILEGAL. 1. É competente o Tribunal Regional Federal para processar e julgar *habeas corpus*, ação de natureza penal, contra ato emanado de Juiz do Trabalho, que não possui competência criminal para decretação de prisão, ainda que a questão material subjacente seja de natureza civil, como no caso de infidelidade de depositário, em execução de sentença (...)" (TRF 1ª R. – HC 01000271999 – GO – 4ª T. – Rel. Des. Fed. Mário César Ribeiro – DJU 14.02.2003 – p. 23).

(9) Cf. nosso *Direitos Fundamentais e o Contrato de Trabalho*, pp. 111-115.

(10) Cf. TEIXEIRA FILHO, Manoel Antonio, *Breves Comentários à Reforma do Poder Judiciário*, p. 191.

(11) *Idem, ibidem*.

Com efeito, após avanços e recuos, finalmente o Supremo Tribunal Federal concluiu pela competência da Justiça do Trabalho para o julgamento de tais ações, o que se operou nos autos do CC n. 7.204.

O plenário do STF reformulou entendimento anterior e declarou que a competência para julgar ações por dano moral e material decorrente de acidente de trabalho é da Justiça Trabalhista. A decisão unânime foi tomada durante análise do referido Conflito Negativo de Competência (CC n. 7.204), suscitado pelo Tribunal Superior do Trabalho em face do Tribunal de Alçada de Minas Gerais.

Na oportunidade, assentou o Ministro *Carlos Ayres Britto* "(...) que o inciso I do art. 109 da Constituição não autoriza concluir que a Justiça Comum Estadual detém a competência para apreciar as ações que o empregado propõe contra seu empregador, pleiteando reparação por danos morais e patrimoniais". Defendeu ainda que se a vontade objetiva do texto constitucional fosse excluir a competência da Justiça do Trabalho, teria feito isso no âmbito do art. 114, "jamais no contexto do art. 109, versante este último sobre a competência de uma outra categoria de juízes".

No caso, a decisão mudou o entendimento dos ministros com relação ao julgamento do RE n. 438.639.

Todavia, se o processo já contava com decisão de mérito quando do julgamento proferido pelo STF, será perpetuada a jurisdição da Justiça Estadual.(12)

Prevê, por outro lado, o inciso VII do art. 114 a competência para as ações relativas às penalidades administrativas impostas aos empregadores pelos órgãos de fiscalização das relações de trabalho.

Com isso, são agora de competência da Justiça do Trabalho o julgamento de todas as ações, inclusive mandados de segurança, cujo objeto esteja relacionado à imposição de gravame pelos órgãos da fiscalização do trabalho, como acontece com as multas impostas pelos auditores-fiscais do trabalho.

Por fim, o art. 114, VIII, prescreve a competência da Justiça do Trabalho para a execução, de ofício, das contribuições sociais previstas no art. 195, I, *a*, e II, e seus acréscimos legais, decorrentes das sentenças que proferir.

---

(12) O seguinte trecho da decisão do STF indica a escolha por tal solução: "(...) a nova orientação alcança os processos em trâmite pela Justiça comum estadual, desde que pendentes de julgamento de mérito. É dizer: as ações que tramitam perante a Justiça comum dos Estados, com sentença de mérito anterior à promulgação da EC n. 45/04, lá continuam até o trânsito em julgado e correspondente execução. Quanto àquelas cujo mérito ainda não foi apreciado, hão de ser remetidas à Justiça do Trabalho, no estado em que se encontram, com total aproveitamento dos atos praticados até então. A medida se impõe, em razão das características que distinguem a Justiça comum estadual e a Justiça do Trabalho, cujos sistemas recursais, órgãos e instâncias não guardam exata correlação. 5. O Supremo Tribunal Federal, guardião-mor da Constituição Republicana, pode e deve, em prol da segurança jurídica, atribuir eficácia prospectiva às suas decisões, com a delimitação precisa dos respectivos efeitos, toda vez que proceder a revisões de jurisprudência definidora de competência *ex ratione materiae*. O escopo é preservar os jurisdicionados de alterações jurisprudenciais que ocorram sem mudança formal do Magno Texto" (STF, CC n. 7.204, rel. Min. Carlos Britto, DJ 9.12.2005).

É a renovação de conteúdo idêntico que já constava do antigo § 3º do art. 114.

E renovação inconstitucional, segundo nosso sentir.

Deveras, dispõe o art. 60, § 4º, III que não será objeto de deliberação proposta de emenda tendente a abolir a separação de poderes.

Deliberar, em sentido jurídico-constitucional, expressa a idéia de discutir, debater, sendo defeso, portanto, ao constituinte de competência derivada e ao legislador ordinário iniciarem discussão acerca de projeto de emenda constitucional ou projeto de lei que importem no atingimento — ainda que pela via oblíqua, reflexa ou indireta — de norma constitucional intangível, cumprindo pôr sob destaque, demais disso, que a proibição se não dirige a suprimir o dispositivo, *tout court*; encontra-se nos domínios da vedação a impossibilidade de modificar-se o rol de competências das funções estatais executiva, legislativa e judiciária.

E tal se deve fundamentalmente a uma razão maior: onde está a natureza humana, lá estará também a imperfeição, motivo bastante para que se precatasse o constituinte originário em face das investidas do governante de plantão contra as prerrogativas e competências das funções legislativa e judiciária, por exemplo.

Parece-nos que admitir a modificação da competência material da Justiça do Trabalho pelo constituinte derivado para incluir tema completamente estranho à sua atividade é abrir seríssimo precedente à alteração das competências dos demais órgãos do Poder Judiciário, não afastada, inclusive, a viabilidade de mudança das atribuições do próprio Supremo Tribunal Federal, o que, além de transgredir insidiosamente o postulado da correção funcional, é claríssimo desrespeito ao regime democrático, como, *e.g.*, na hipótese de o Congresso Nacional, por força de projeto de emenda constitucional enviado ao Parlamento pelo Poder Executivo, transferir a prerrogativa de guarda da Constituição ao Chefe de Estado e de Governo.

Não se trata de defesa de tese simplesmente acadêmica, mas, com convicção, o fato de o rol de competências atribuído à Justiça do Trabalho pelo constituinte material originário vir a ser "desarrumado" pela sua criatura, fixando-se competência insólita para promover a execução, de ofício, de contribuição previdenciária, atenta contra a razão de ser e de existir dos órgãos jurisdicionais trabalhistas, comprometendo — o que é mais grave ainda — as suas naturais atribuições nobremente direcionadas à valorização do trabalho humano.

Capítulo 12

A IMUNIDADE DE JURISDIÇÃO E O PROCESSO DO TRABALHO

12.1. Explicação Necessária

Certo que a soberania se põe como fundamento do Estado brasileiro (art. 1º, I, CF), e certo ainda que o princípio da não-intervenção comanda o comportamento da República Federativa do Brasil no contexto das relações internacionais (art. 4º, IV, CF), é necessário examinar a imunidade de jurisdição como resultado do reconhecimento da soberania dos Estados estrangeiros e, após, investigar as conseqüências da imunidade no âmbito do processo do trabalho, inclusive à luz da jurisprudência do Supremo Tribunal Federal.

12.2. O Problema da Imunidade de Jurisdição e o Processo do Trabalho

Não se trata propriamente de novidade nos domínios do direito internacional público as questões que giram em torno à imunidade de jurisdição do Estado, porque o *Réglement* de Viena, de 1815, promoveu a originária disciplina da matéria em sede de norma internacional.

Atualmente, duas são as convenções que tratam do assunto, e, de modo semelhante, celebradas em Viena: a Convenção sobre Relações Diplomáticas (1961) e a referente às Relações Consulares (1963), ambas promulgadas pelo Brasil, respectivamente, pelo Decreto n. 56.435/65 e pelo Decreto n. 61.078/67.

É justificável o tratamento em separado da imunidade dos corpos diplomático e consular, fundamentalmente porque o diplomata acreditado representa o Estado de origem junto às autoridades locais, ao passo que o cônsul tem a atribuição de cuidar de interesses privados dos seus compatriotas.

Assim, enquanto a imunidade penal é de caráter ilimitado no caso de eventual infração cometida pelo embaixador ou qualquer outro membro de sua família, o mesmo não deve ser concluído no que concerne ao cônsul, visto que o princípio da extraterritorialidade alcança apenas os atos de ofício, o que significa concluir, de outro modo: os crimes comuns serão processados e punidos com amparo na lei penal do Estado.

Contudo, a clareza existente quando em discussão a imunidade penal não se repete a respeito da imunidade de jurisdição. É que, esquadrinhadas as convenções, não se depara com um dispositivo sequer a assegurar a indigitada prerrogativa; não obstante, por toda a parte, honra-se a imunidade de jurisdição sob o fundamento de que nenhum Estado — soberano, portanto — pode ser conduzido contra a sua vontade ao tribunal local.

A imunidade de jurisdição não se confunde com a de execução. A primeira se refere à impossibilidade de o Estado estrangeiro ser réu em ação judicial. A segunda se materializa na proibição de desenvolvimento dos atos executórios tendentes a fazer cumprir o comando sentencial trânsito em julgado, de modo específico no que atina à penhora.

O generalizado reconhecimento das duas espécies de imunidade fez surgir importantíssimos efeitos de ordem prática. Se, por exemplo, o Estado estrangeiro era acionado perante a Justiça do Trabalho no Brasil, e, na contestação, nada aduzia no tocante à imunidade, reconhecia-se, na hipótese, ter se consumado a denominada renúncia tácita, admissível em tais casos. Já, em execução, conquanto viável a renúncia, somente se permite o desencadeamento de conseqüências se efetivada de modo expresso.

Todavia, a regra da imunidade absoluta tem sofrido abalos consideráveis, o que se iniciou com a Convenção Européia, de 1972, cujo conteúdo promoveu exclusão do contexto da imunidade as ações relativas a contratos celebrados e exeqüíveis com base na lei local.

O Supremo Tribunal Federal, em julgamento realizado no ano de 1989 (Apelação Cível n. 9.696, RTJ n. 133/159), firmou entendimento no sentido de inexistência de imunidade de jurisdição em causa de natureza trabalhista.

Em decisão bem recente, no julgamento do RE n. 222.368-PE, publicada no DJU de 08.03.2002, o STF concluiu que "privilégios diplomáticos não podem ser invocados, em processos trabalhistas, para coonestar o enriquecimento sem causa de Estados estrangeiros, em injusto detrimento de trabalhadores residentes em território brasileiro, sob pena de essa prática consagrar inaceitável desvio ético-jurídico, incompatível com o princípio da boa-fé e com os grandes postulados do direito internacional", consagrando, destarte, a tese da imunidade relativa de jurisdição.

Diversamente, quando a controvérsia se relaciona à imunidade de execução, a jurisprudência do STF é muito cautelosa a respeito da possibilidade de efetivação da penhora, porquanto a intangibilidade dos bens do Estado estrangeiro impede se consume a constrição judicial, exceto na hipótese de bens estranhos à representação diplomática ou consular.

Muito embora reconheça-se que prepondera a tendência de os Estados estrangeiros cumprirem o conteúdo da sentença transitada em julgado, é forçoso entender que a inviolabilidade dos bens das representações diplomáticas e consulares, assentada nas Convenções de Viena de 1961 e 1963, configura sério empecilho à efetivação da penhora, notadamente porque, de acordo com as normas internacionais, apenas e tão-somente se apresentam viáveis à constrição os bens estranhos ao exercício das funções representativas, fato a desenhar um quadro de incerteza concernente à efetividade da decisão da justiça brasileira em tais situações.

Capítulo 13

A PRESCRIÇÃO NA CONSTITUIÇÃO DE 1988 E O PROCESSO DO TRABALHO

13.1. Observações iniciais

Seria possível, com amparo na Constituição de 1988, defender a existência de prescrição intercorrente ou a prescrição da execução no processo do trabalho? E a prescrição "de ofício"? É ela compatível com o processo do trabalho?

É o que se tentará responder neste Capítulo.

13.2. A Prescrição do Art. 7º, XXIX, da Constituição de 1988

Alterada pela EC n. 28/00, que uniformizou os prazos prescricionais dos trabalhadores urbanos e rurais, a norma constitucional disciplina o exercício do direito de ação, quanto aos créditos resultantes das relações de trabalho, com prazo prescricional de cinco anos, até o limite de dois anos após a extinção do contrato de trabalho.

Se o empregado trabalhou, por exemplo, por dez anos em determinada empresa, cujo contrato foi extinto em 12 de maio de 2005, poderá exercitar o direito de ação até 11 de maio de 2007, mas terá direito ao pagamento dos créditos dos cinco anos anteriores à propositura da medida judicial. Por isso se mostra conveniente aos trabalhadores que tiveram contratos de trabalho longos que proponham imediatamente a ação trabalhista tão logo haja o rompimento do vínculo contratual, sob pena de, não o fazendo, ter inúmeras parcelas tragadas pela prescrição.

13.3. Prescrição intercorrente e prescrição da execução: É possível argui-las com amparo na Constituição de 1988?

É preciso investigar se o prazo de dois anos também se aplica à fase executória da lide trabalhista.

Aqui, torna-se necessário informar que duas espécies de prescrição são mencionadas no contexto do processo trabalhista: a *prescrição da execução* e a *prescrição intercorrente.* A primeira conta-se a partir do trânsito em julgado da decisão. A segunda se refere à inércia prolongada da parte no curso da ação. Por sua vez, o art. 4º, da Lei n. 5.584/70 salienta que "nos dissídios de alçada exclusiva das Juntas e naqueles em que os empregados ou empregadores reclamarem pessoalmente, o processo *poderá* ser impulsionado de ofício pelo juiz" (grifamos). Significaria o seguinte: quando o valor fixado para a causa não excedesse de duas vezes o salário mínimo ou quando quaisquer das partes no processo do trabalho estivessem utilizando a faculdade descrita no art. 791, da CLT, o juiz não estaria adstrito ao princípio dispositivo.

A norma processual trabalhista tem servido de fundamento para que seja afastada a prescrição da ação de execução e a prescrição intercorrente. Servem-se os aplicadores do direito do trabalho de raciocínio segundo o qual a norma indicada não poderia viabilizar a conclusão quanto à impossibilidade de declarar-se a prescrição no processo do trabalho, quer em fase de conhecimento seja em sede de execução.

Com efeito, defende-se que, conquanto tenha sido relativizado o rigor do princípio dispositivo, não seria o mero fato do exercício do *jus postulandi* (realização dos atos processuais diretamente por empregador e empregador) ou a existência de dissídio de alçada exclusiva da Vara do Trabalho que vedariam o reconhecimento da prescrição da execução e a prescrição intercorrente.

Sustenta-se, ademais, que o art. 4º, da Lei n. 5.584/70 não imporia um dever à autoridade jurisdicional, mas assinalaria mera e simples faculdade, circunstância que, aliada à legitimidade conferida aos sujeitos parciais da lide para a iniciativa, recomendariam o reconhecimento da prescrição.

Contrapondo-se a tal conclusão e em nível de legislação ordinária, podemos defender que o art. 765, da CLT, ao determinar que "os Juízos e Tribunais do Trabalho terão ampla liberdade na direção do processo e velarão pelo andamento rápido das causas, podendo determinar qualquer diligência necessária ao esclarecimento delas', em verdade, se não dirige exclusivamente ao processo de conhecimento, tanto que a previsão está encartada nas Disposições Preliminares do Título X da Consolidação, sob título "Do Processo Judiciário do Trabalho", fazendo com que, inclusive à luz do postulado tuitivo que incide igualmente no direito processual do trabalho, os direitos dos trabalhadores não tenham a sua fruição obstada pela exceção substancial.

Estes os fundamentos a favor e contra a incidência da exceção substancial e com base na legislação ordinária.

Temos convicção, contudo, que nosso sistema constitucional não ampara a tese de incidência de qualquer prescrição após a propositura da ação pelo trabalhador.

Deveras, acentua o art. 7º, XXIX, da Constituição que são direitos dos trabalhadores "ação, quanto a créditos resultantes das relações de trabalho, com prazo prescricional de cinco anos para os trabalhadores urbanos e rurais, até o limite de dois anos após a extinção do contrato de trabalho".

Ora, se são direitos dos trabalhadores urbanos e rurais, exemplificativamente, aqueles indicados nos incisos do art. 7º, da Constituição, não se repugnando a existência de tantos outros que visem à melhoria (e não degeneração) de sua condição social, parece certo concluir que não foi objeto de recepção constitucional o § 1º, do art. 884, da CLT relativamente ao trecho em que admite como matéria dos embargos à execução a prescrição da dívida, notadamente porque o art. 7º, *caput*, da Constituição é dispositivo programático apto para conformação da atividade legislativa concitando-a à edição de normas de direito do trabalho sempre destinadas à melhoria da condição social dos trabalhadores brasileiros.

Lembre-se sempre que as hipóteses de modificação *in pejus* de norma de direito do trabalho se encontram presas à celebração de acordo ou de convenção coletiva de trabalho, mais ainda sob o pálio do *princípio da proibição do retrocesso social*. E se, por último, o lapso temporal para o exercício do direito de ação pelo trabalhador e imposto pela norma constitucional é somente aquele referente ao biênio após a extinção do contrato, constituindo — repita-se — direito dos trabalhadores não apenas a *ação*, mas sobretudo a incidência exclusiva da prescrição bienal, não se poderá, pena de violação do dispositivo, concluir que é cabível a argüição de prescrição no curso do processo.

Digna de encômios, portanto, a posição do Tribunal Superior do Trabalho que consagra entendimento segundo o qual a prescrição intercorrente é inaplicável na Justiça do Trabalho (Súmula n. 114), e censurável, *venia concessa*, a Súmula n. 327 do Supremo Tribunal Federal que a admite.

Contudo, a questão não se encontra pacificada nos Tribunais Trabalhistas, tanto que muitos defendem a inaplicabilidade da exceção substancial no processo do trabalho,[1] ao passo que outros preferem seguir a corrente oposta.[2]

(1) AÇÃO RESCISÓRIA. PRESCRIÇÃO DA AÇÃO DE EXECUÇÃO. VIOLAÇÃO DO ART. 7º, XXIX, DA CONSTITUIÇÃO FEDERAL. Se a execução foi requerida passados tão-somente sessenta dias do trânsito em julgado do processo de conhecimento, e os cálculos foram apresentados quase três anos após a intimação para apresentação dos cálculos, não há que se falar em prescrição da ação de execução, mas em prescrição intercorrente, pois houve continuidade do processo após o trânsito em

13.4. A Prescrição de Ofício, a Constituição de 1988 e o Processo do Trabalho

A Lei n. 11.280, de 16 de fevereiro de 2006, ao alterar o § 5º do art. 219, do Código de Processo Civil, dispôs que "o juiz pronunciará, de ofício, a prescrição".

---

julgado da decisão proferida na fase de conhecimento, e posteriormente, a não-prática de ato (apresentação de cálculos) que paralisou o processo. Entretanto, a questão da aplicação de prescrição intercorrente, no Processo do Trabalho, encontra-se pacificada por meio da Súmula n. 114 do TST, que dispõe que "é inaplicável na Justiça do Trabalho a prescrição intercorrente". Dessa forma, a decisão rescindenda que confirmou a sentença que havia extinto a execução com julgamento do mérito, sob o fundamento da ocorrência da prescrição, violou o art. 7º, XXIX, da Constituição Federal, pois este diz respeito tão-somente à perda do direito de ação e exclusivamente em relação a processo de conhecimento. Recurso ordinário provido. (TST – ROAR 730038 – SBDI 2 – Rel. Min. Ives Gandra Martins Filho – DJU 06.06.2003) JCF.7 JCF.7.XXIX

19019102 – PRESCRIÇÃO INTERCORRENTE. INAPLICABILIDADE NO PROCESSO DO TRABALHO. ENUNCIADO 114, DO TST. Inaplicável a aplicação da prescrição intercorrente no processo do trabalho, até mesmo diante do fato de que a execução se processa por impulso do juízo. (TRT 21ª R. – AP 00-4131-01 – (43.804) – Redª Juíza Joseane Dantas dos Santos – DJRN 19.02.2003)

130012850 – AÇÃO RESCISÓRIA. PRESCRIÇÃO INTERCORRENTE. INAPLICABILIDADE NA JUSTIÇA DO TRABALHO. Diante da possibilidade de a execução trabalhista ser impulsionada de ofício pelo juiz, bem como promovida por qualquer das partes (art. 878 da CLT), uniformizou-se o entendimento consubstanciado no Enunciado n. 114 deste C. Tribunal Superior, no sentido de que "É inaplicável na Justiça do Trabalho a prescrição intercorrente. Viola o art. 878 da CLT a V. decisão rescindenda que declara a prescrição intercorrente no processo do trabalho. (TST – ROAR 48006 – SBDI 2 – Rel. Min. Conv. Aloysio Corrêa da Veiga – DJU 13.12.2002)

PRESCRIÇÃO INTERCORRENTE. EXECUÇÃO. A teor do disposto no Enunciado n. 114 do C. TST. inaplicável na Justiça do Trabalho a prescrição intercorrente. Especificamente na fase de execução, a Lei n. 6830/80, em seu art. 40, de aplicação subsidiária ao processo do trabalho por força do art. 889 da CLT, autoriza expressamente a suspensão do curso da execução, enquanto não localizado o devedor ou encontrados bens penhoráveis, não correndo qualquer prazo prescricional. Diz ainda, a respectiva lei, que encontrados que sejam, a qualquer tempo o devedor ou os bens, serão desarquivados os autos para prosseguimento da execução (parágrafo 3º). Prescrição intercorrente não há, muito menos renúncia do crédito, como quer o agravante. (TRT 3ª R. – AP 3140/02 – 3ª T. – Rel. Juiz Sebastião Geraldo de Oliveira – DJMG 09.07.2002 – p. 15)

(2) PRESCRIÇÃO INTERCORRENTE E SUA APLICAÇÃO NA EXECUÇÃO. TRABALHISTA. A prescrição intercorrente é aplicável ao processo do trabalho, em face da expressa previsão legal do art. 884, § 1º, da CLT. Em outras palavras, uma das matérias dos embargos do devedor é a prescrição da dívida. A prescrição da dívida nada tem a ver com a prescrição da fase de conhecimento, pois, na liquidação da sentença, com base em título Judicial, não se poderá modificar ou inovar a sentença liquidanda, nem discutir matéria pertinente à causa principal (art. 879, § 1º, CLT). Esse argumento é corroborado pela Lei n. 6.830/80 aplicável ao processo de execução trabalhista (art. 889, CLT), a qual no seu art. 40 enuncia: "O Juiz suspenderá o curso da execução, enquanto não for localizado o devedor ou encontrados bens sobre os quais possa recair a penhora e, nesses casos, não correrá o prazo da prescrição."O art. 40 da Lei n. 6.830/80 trata de uma hipótese de causa suspensiva da prescrição intercorrente, o que vem a corroborar a aplicação deste instituto no processo trabalhista. 2. O prazo da prescrição Intercorrente. O prazo para a ação é o mesmo para a execução (Súm. n. 150, STF). O prazo da prescrição intercorrente é de cinco ou de dois anos? A prescrição intercorrente é total, logo, o seu prazo prescricional é de dois anos, como ocorre para o exercício do direito de ação (processo de conhecimento). O seu termo inicial é a partir do trânsito em julgado da decisão exeqüenda, admitindo-se as sucessivas interrupções (art. 202, parágrafo único. 3. Título judicial executivo e os descontos de INSS e IRPF. Na liquidação, não se pode inovar, como também não se pode discutir matéria já exaurida na ação de conhecimento. Trata-se de respeito à coisa julgada, a qual é mandamento constitucional. Quanto ao desconto de INSS, a matéria já está sedimentada ante o teor da coisa julgada, a qual determinou que a responsabilidade é da executada. Portanto, diante do que dispõe o art. 879, § 1º, da CLT, e o art. 5º, XXXVI, da Constituição Federal, indeferem-se os descontos a título de INSS em

Desse modo, a legislação processual civil passou a admitir a possibilidade de a autoridade jurisdicional pronunciar, de ofício, a prescrição, ainda que verse sobre direito patrimonial disponível.(3)

O dispositivo processual comum é flagrantemente incompatível com o processo do trabalho.

Não fosse o completo desvirtuamento da secular compreensão de que não se declara, de ofício, prescrição de direito patrimonial, tornando a previsão insólita até mesmo para o âmbito do processo civil, o comando é mais inapto ainda para aplicação nos domínios do direito processual do trabalho.

Deveras, nem tudo que é antigo está ultrapassado; nem tudo que é novo é benéfico...

Alterar a legislação pelo mero e simples prazer e vaidade de ser diferente não produz nada de espetacular para o processo civil ou o processo de uma maneira geral, aí incluído o processo do trabalho.

---

relação dos créditos dos exeqüentes. Quanto ao desconto do IRPF: a) a sentença exeqüenda é silente quanto a esse desconto; b) como se trata de ordem pública, em liquidação de sentença, essa temática pode ser aventada e dirimida pelo juízo da execução (O.J. n. 81, SDI-II), logo, autorizam-se esses descontos. 4) Época própria. Consta da coisa julgada: "Juros de mora e correção monetária na forma da Lei". Uma parte da apuração, abrange a vigência do Decreto-lei n. 75/66 e outra a Lei n. 8.177/91. Por esses dois diplomas legais, a atualização deve observar como época própria o momento em que a verba é devida. Os salários somente são devidos a partir do mês subseqüente ao vencido (art. 459, CLT), portanto, diante da própria visão do texto legal e da decisão exeqüenda, a época própria quando se tem o inadimplemento da obrigação pelo empregador. Como o inadimplemento ocorre a partir do momento em que os salários deixam de ser pagos, a atualização é devida a partir do mês subseqüente ao vencido (OJ n. 124, SDI-I, TST). (TRT 2ª – AP 21960 – (20030390197) – 4ª T. – Rel. Juiz Francisco Ferreira Jorge Neto – DOESP 22.08.2003)

23008161 – PRESCRIÇÃO INTERCORRENTE. APLICAÇÃO NA JUSTIÇA LABORALISTA QUANDO O CREDOR DEIXAR DE APRESENTAR OS ARTIGOS DE LIQUIDAÇÃO POR MAIS DE DOIS ANOS. INOCORRÊNCIA NO CASO SUB JUDICE. Uma vez iniciada a execução e ficando esta obstacularizada em sua marcha por responsabilidade da parte interessada, caracterizada pela demora na apresentação dos artigos de liquidação, outra não poderá ser a hipótese senão a de prescrição do direito de exigir a dívida, tendo em vista a possibilidade da aplicação do instituto da prescrição intercorrente no processo do trabalho, consoante dicção do art. 884, parágrafo 1º da CLT e entendimento do Supremo Tribunal Federal sumulado sob o n. 327. Entretanto, no presente caso, o credor apresentou os artigos de liquidação antes do término do biênio legal, não havendo, portanto, em que se falar em aplicação da prescrição intercorrente. (TRT 20ª R. – AP 00270-2003-920-20-00-0 – (1856/03) – Proc. 01.01-0851/91 – Rel. Juiz Carlos de Menezes Faro Filho – J. 23.07.2003) JCLT.884 JCLT.884.1

PRESCRIÇÃO INTERCORRENTE. CABIMENTO NO PROCESSO TRABALHISTA. DECLARAÇÃO DE OFÍCIO. A prescrição intercorrente é aplicável ao processo do trabalho, por força do disposto na Súmula n. 327 do STF, art. 884, § 1º, da CLT, e art. 40, caput, in fine, da Lei n. 6.830/80, podendo o juiz declará-la de ofício, pois as execuções não podem perdurar ad infinitum, devendo ser limitadas no tempo, em invocação à estabilidade das relações jurídicas. Evita-se com isso que a inércia do credor se prolongue indefinidamente malferindo os próprios fundamentos da prescrição. Todavia, as normas de regência devem ser interpretadas ao seu favor, máxime quando a paralisação da execução foi por culpa do devedor que não satisfez o crédito trabalhista. Deve o juiz levar em conta o prazo de suspensão do feito, não superior a um ano, para só então ter início a contagem do lapso extintivo, assegurado o desarquivamento dos autos e continuidade do feito se o exeqüente localiza bens do devedor e os indica à penhora. (TRT 11ª R. – AP 3954/2002 – (7124/2002) – Relª Juíza Francisca Rita Alencar Albuquerque – J. 14.11.2002)

(3) Não se trata de redundância afirmar a existência de direito patrimonial *disponível*, porquanto é indiscutível existirem direitos patrimoniais *indisponíveis*, como é o caso do patrimônio das pessoas jurídicas de direito público territorial (União, Estados, Municípios e Distrito Federal) e das fundações públicas e autarquias.

O direito do trabalho é naturalmente protetivo, e isso ninguém duvida...

O direito processual do trabalho deve também acompanhar o caráter tutelar do direito material do trabalho.

Anote-se o pensamento de *José Joaquim Calmon de Passos*: "(...) o direito processual não poderia existir sem o direito material, igualmente o direito material, deve-se acrescentar, não poderia existir sem o direito processual. Portanto, em sua diversidade está presente, outrossim, uma estreita interdependência (isto é, dependência recíproca) entre direito material e direito processual (...) o escopo do processo é precisamente assegurar o que foi prometido pelo direito material, e somente isso, sem poder desvirtuar-se para outro nem deixar de estar a serviço desse objetivo (...)".[(4)]

Por conseguinte, uma vez admitida idéia de o processo do trabalho ser atavicamente instruído pelo princípio de proteção ao hipossuficiente como decorrência natural de o postulado conformar vigorosamente o direito material do trabalho, e sabendo-se que o princípio nada mais é do que interpretação imparcial de legislação naturalmente protetiva, alcançamos a conclusão de que, ao menos no processo trabalhista, encontra-se o dispositivo processual civil em frontal colisão com as normas constitucionais trabalhistas.

Explique-se: se, como dito, o art. 7º, *caput*, da Constituição assevera que "são direitos dos trabalhadores urbanos e rurais, além de outros que visem à melhoria de sua condição social (...)", indicando, a partir daí, os direitos sociais trabalhistas individuais e coletivos, em nível *mínimo*, que podem ser fruídos pelos trabalhadores brasileiros, temos por certo que o princípio de proteção ao hipossuficiente foi guindado a patamar constitucional.

Nesse passo, se, na linha do que fora argumentado no subitem anterior, não pode existir exceção substancial a ser argüida no processo do trabalho que se desvencilhe do parâmetro constitucional, a prescrição de ofício no processo do trabalho somente se "justifica" quando, o juiz do trabalho acossado pelo número desumano de processos, prolata, por sua vez, decisão semelhantemente desumana, "livrando-se" do conflito por meio do acolhimento da prescrição de ofício.

Iniludivelmente, se são direitos dos trabalhadores urbanos e rurais os referidos no art. 7º/8º, da Constituição, não há, *data maxima venia*, quem possa dizer, à luz da Constituição de 1988, que é natural reconhecer a eficácia do dispositivo da legislação processual comum ao fixar o pronunciamento pelo magistrado, *ex officio*, de prescrição de direitos patrimoniais, fundamentalmente porque, no processo do trabalho, quem está defendendo direitos patrimoniais é o empregador e não o empregado, que é destinatário do comando do art. 7º, *caput*, da Constituição Federal.

---

(4) Cf. *Instrumentalidade do Processo e Devido Processo Legal*, p. 11.

Capítulo 14

A CONSTITUIÇÃO E O REGIME DE PRECATÓRIOS

14.1. Importância do Capítulo

É a Constituição de 1988 o texto normativo que comanda a disciplina do processamento da execução em face de pessoa jurídica de direito público territorial (União, Estados, Distrito Federal e Municípios), autarquias e fundações públicas.

Desse modo, à exceção das empresas públicas e sociedades de economia mista, que integram as agências econômicas do Estado, ou seja, órgãos que atuam diretamente no domínio econômico e que têm atividade balizada pelo art. 173, da Constituição, todas as demais pessoas públicas, uma vez demandadas em juízo e alcançado o respectivo processo de execução, diante da impenhorabilidade dos bens públicos referida no art. 183, § 3º, no art. 191, parágrafo único e art. 100 e seguintes, todos da Constituição Federal, se submetem a diferenciado regramento, cujos contornos fundamentais não estão em outro texto do direito positivo, mas sim na Constituição Federal, resultando daí a inegável importância de havermos destacado Capítulo específico para estudo do procedimento precatorial.

14.2. Os Precatórios na Constituição de 1988

Como dito, a execução contra órgãos públicos não se processa da mesma forma como se opera com os demais entes privados.

Enquanto a fase executória relativamente às empresas privadas pode se ultimar com a expropriação do bem para satisfazer o crédito exeqüendo, tal procedimento não é admitido quando no pólo passivo da execução se faz presente pessoa jurídica de direito público.

Sem precedentes no direito estrangeiro, a impenhorabilidade de bens públicos resulta da disciplina constitucional prevista no art. 100 e §§ da Constituição.

Registre-se a redação do art. 100, *caput*, da Constituição: "À exceção dos créditos de natureza alimentícia, os pagamentos devidos pela Fazenda Federal, Estadual ou Municipal, em virtude de sentença judiciária, far-se-ão exclusivamente na ordem cronológica de apresentação dos precatórios e à conta dos créditos respectivos, proibida a designação de casos ou de pessoas nas dotações orçamentárias e nos créditos adicionais abertos para este fim".

Que são débitos de natureza alimentícia?

Responde-nos o § 1º-A do art. 100: todos os que compreendem salários, vencimentos, proventos, pensões e suas complementações, benefícios previdenciários e indenizações por morte ou invalidez, fundadas na responsabilidade civil, em virtude de sentença transitada em julgado.

A inclusão de valor constante de precatório se trata de procedimento plenamente vinculado da Administração Pública, tanto que assim dispõe o § 1º do art. 100 da Constituição, devendo ser apresentado até 1º de julho, fazendo-se o pagamento até o final do exercício seguinte, quando terá seus valores atualizados monetariamente.

A formação de precatório é procedimento que se concretiza no âmbito dos Tribunais, possui natureza administrativa e não jurisdicional,[(1)] sendo de competência do Presidente da Corte, em face, inclusive, da redação do § 2º, mediante a qual as dotações orçamentárias e os créditos abertos serão consignados diretamente ao Poder Judiciário, cabendo ao *Presidente* do Tribunal que proferir a decisão exeqüenda determinar o pagamento segundo as possibilidades do depósito, e autorizar, a requerimento do credor, e exclusivamente para o caso de preterimento de seu direito de precedência, o seqüestro da quantia necessária à satisfação do débito.

Logo, se não houver atendimento ao direito de precedência do credor, impõe-se a consumação do seqüestro, que é o bloqueio direto do valor pertencente a órgão público.

E no caso de deliberada ausência de inclusão no orçamento, malgrado expedido o precatório?

---

(1) "(...) Não cabe recurso extraordinário contra decisão proferida no processamento de precatórios já que esta tem natureza administrativa e não jurisdicional. Precedente da Corte. 8. Recursos extraordinários não conhecidos" (STF – RE – 229786 – CE – 2ª T. – Rel. Min. Néri da Silveira – DJU 18.05.2001 – p. 00449).

Somos da opinião que, se a Constituição determina o seqüestro por força do desrespeito ao direito de precedência do credor, por maior razão ainda deve ser admitido o seqüestro para as hipóteses de não-inclusão do valor no orçamento da entidade pública devedora.

A jurisprudência, entretanto, tem convergido para o entendimento de que eventual omissão quanto a incluir o valor em orçamento somente induz à possibilidade de seqüestro para os casos referidos no art. 78 do Ato das Disposições Constitucionais Transitórias,(2) ou seja, os precatórios pendentes na data da promulgação da EC n. 30, de 13.9.2000, aqueles decorrentes de ações judiciais propostas até 31 de dezembro de 1999 e também para os casos de obrigações de pequeno valor, como refere o art. 87 do ADCT.

Assim, a disciplina constitucional dos precatórios ressalva a sua aplicação para as chamadas *obrigações de pequeno valor*. Observe-se a redação do § 3º: "O disposto no *caput* deste artigo, relativamente à expedição de precatórios, não se aplica aos pagamentos de obrigações definidas em lei como de pequeno valor que a Fazenda Federal, Estadual, Distrital ou Municipal deva fazer em virtude de sentença judicial transitada em julgado."

Quanto à incidência do dispositivo, entendeu-se inicialmente que seria necessário que cada entidade da federação editasse a lei prevendo os valores relativos às obrigações assim consideradas,(3) máxime em razão do disposto no § 5º do art. 100: "A lei poderá fixar valores distintos para o fim previsto no § 3º deste artigo, segundo as diferentes capacidades das entidades de direito público."

Não obstante, o art. 87 do ADCT, incluído pela EC n. 37/2002, assinala atualmente que "para efeito do que dispõem o § 3º do art. 100 da Constituição Federal e o art. 78 deste Ato das Disposições Constitucionais Transitórias serão considerados de pequeno valor, até que se dê a publicação oficial das

---

(2) "MANDADO DE SEGURANÇA. EXECUÇÃO CONTRA ENTE PÚBLICO. PRECATÓRIO. PEDIDO DE SEQÜESTRO COM BASE NA EMENDA CONSTITUCIONAL N. 30. IMPOSSIBILIDADE. A Emenda Constitucional n. 30 não se aplica aos créditos de natureza alimentícia, conforme § 4º do art. 78 das disposições constitucionais transitórias, razão por que torna-se impossível autorizar o seqüestro de valores da Fazenda Pública para cumprimento de precatório judicial" (TRT 13ª R. – MS 0035/2001 – (064913) – Rel. Juiz Aluisio Rodrigues – DJPB 11.10.2001).

(3) "EXECUÇÃO CONTRA MUNICÍPIO. BLOQUEIO E PENHORA DE MONTANTE REFERENTE À DÉBITO TRABALHISTA, CONSIDERADO COMO DE PEQUENO VALOR. VEDAÇÃO CONFERIDA PELOS §§ 3º E 4º DO ART. 100 DO TEXTO CONSTITUCIONAL. INEXISTÊNCIA DE VALOR FIXADO EM LEI. O art. 128 da Lei n. 8.213/91, que preconizava o imediato seqüestro de valores devidos pelo Município, foi declarado incompatível com o artigo 100, *caput*, da Constituição Federal, quando do julgamento de mérito da ADIN n. 1252-5. Ademais, ainda que possível a aplicação da citada norma, tampouco poderia integrar o § 3º do art. 100 da CF, tanto por tratar o artigo de matéria previdenciária, quanto por já existir disciplinamento no § 4º do próprio artigo da Lei Maior. Assim, enquanto a lei não fixar o pequeno valor aludido nos §§ 3º e 4º do art. 100 da CF, a execução contra a Municipalidade deve continuar processando-se mediante precatório, e não com o bloqueio de seus numerários" (TRT 13ª R. – AP 420/2001 – (65379) – Rel. Juiz Afrânio Neves de Melo – DJPB 15.11.2001).

respectivas leis definidoras pelos entes da Federação, observado o disposto no § 4º do art. 100 da Constituição Federal, os débitos ou obrigações consignados em precatório judiciário, que tenham valor igual ou inferior a: I – quarenta salários-mínimos, perante a Fazenda dos Estados e do Distrito Federal; II – trinta salários-mínimos, perante a Fazenda dos Municípios".

Com isso, restam completamente superadas as exigências de edição de lei de cada entidade federativa.(4)

E se o valor da execução ultrapassar o montante fixado no art. 87 do ADCT?

A solução é dada pelo parágrafo único da norma de direito intertemporal: o pagamento far-se-á, sempre, por meio de precatório, sendo facultada à parte exeqüente a renúncia ao crédito do valor excedente, para que possa optar pelo pagamento do saldo sem o precatório, da forma prevista no § 3º do art. 100.

Por sua vez, aponta o § 4º que são vedados a expedição de precatório complementar ou suplementar de valor pago, bem como fracionamento, repartição ou quebra do valor da execução, a fim de que seu pagamento não se faça, em parte, na forma estabelecida no § 3º do art. 87 do ADCT e, em parte, mediante expedição de precatório.

Torna-se claro que o comando constitucional não deve incidir para a hipótese de precatório emitido *antes* da promulgação da emenda que explicitamente vedou o procedimento de precatório complementar.(5)

Todavia, "a decisão do colendo Supremo Tribunal Federal (RE n. 305186/SP, Rel. Min. Ilmar Galvão, DJ de 18.10.2002) é no sentido de que não são devidos juros moratórios no período compreendido entre a data de expedição e a do efetivo pagamento de precatório judicial, no prazo constitucionalmente

---

(4) "(...) A Emenda Constitucional n. 37/2002 (publicada no Diário Oficial de 13.06.2002) alterou o art. 100 da Constituição Federal e acrescentou o art. 87 ao Ato das Disposições Constitucionais Transitórias, definindo provisoriamente o que seriam obrigações de pequeno valor. 4. Assim sendo, resta superada a discussão acerca da necessidade ou não de Lei específica que defina, quanto aos débitos de natureza trabalhista devidos pelos entes da Federação, o disposto no § 3º do art. 100 da Carta da República. 5. Estando o valor da execução dentro do limite estabelecido pela referida norma, não se há falar em ilegalidade ou abuso de poder em ato que determina a execução direta contra o Estado/Impetrante. 6. Recurso Ordinário e Remessa Oficial desprovidos" (TST – RXOFROAG 4439 – SBDI 2 – Rel. Min. José Simpliciano Fernandes – DJU 20.06.2003).

(5) "PROCESSUAL CIVIL – PRECATÓRIO COMPLEMENTAR – ART. 730 DO CPC – EMENDA CONSTITUCIONAL 37/2002 – APLICAÇÃO RETROATIVA – IMPOSSIBILIDADE – 1. Com o advento da EC 37/2002, que acrescentou o parágrafo 4º ao artigo 100 da Constituição Federal, ficou explicitamente vedada a expedição de precatório complementar ou suplementar de valor pago. Contudo, a despeito de sua eficácia plena e aplicabilidade imediata, a referida emenda não retroage para alcançar precatório complementar expedido em data anterior a sua entrada em vigor, sob pena de violar o princípio constitucional da segurança jurídica. 2. Agravo regimental desprovido" (STJ – AGA 484262 – SP – Rel. Min. Teori Albino Zavascki – DJU 25.08.2003 – p. 00265).

estabelecido, à vista da não-caracterização, na espécie, de inadimplemento por parte do Poder Público. (...) Tal posicionamento é aplicável, apenas, para o pagamento do primeiro precatório (período entre a data de expedição e a do efetivo pagamento), visto que é a própria Constituição Federal que estabelece um procedimento específico, e dilatado, para o seu pagamento. (...) No caso de precatório complementar, a jurisprudência do Superior Tribunal de Justiça está assentada na compreensão de que devem ser incluídos os juros de mora, devendo estes incidir sobre o principal e não sobre o total da conta, caso já tenham sido os mesmos inseridos por ocasião dos cálculos anteriores" (STJ – EARESP 462922 – DF – Rel. Min. José Delgado – DJU 18.08.2003 – p. 00159).

Se o Presidente do Tribunal competente, por ato comissivo ou omissivo, retardar ou tentar frustrar a liquidação regular de precatório, incorrerá em crime de responsabilidade (§ 6º, art. 100).

Capítulo 15

CONSTITUIÇÃO E O PRINCÍPIO DA PUBLICIDADE DOS ATOS PROCESSUAIS

15.1. Lineamentos Iniciais

O princípio da publicidade dos atos processuais não deve se situar fora do estudo das normas constitucionais e o processo do trabalho pela importância do postulado no âmbito do direito processual de modo genérico, e do processo do trabalho de forma específica.

Neste Capítulo, examinaremos o princípio da publicidade com a atenção voltada às modificações implementadas ao art. 93, IX, da Constituição pela EC n. 45/0 4 — a "Reforma do Judiciário" —, não sem antes apresentarmos algumas noções essenciais em torno ao postulado.

15.2. O Princípio da Publicidade e a Constituição de 1988

"A lei só poderá restringir a publicidade dos atos processuais quando a defesa da intimidade ou o interesse social o exigirem", revela o art. 5º, LX, da Constituição.

Os atos processuais, como emanação da função estatal judiciária, devem ser públicos, inquinando de nulidade todos aqueles que não reverenciarem o direito individual.(1)

(1) Observe-se a seguinte decisão do STF, no julgamento do HC n. 77.611/PB, rel. Min. Maurício Corrêa, DJ 25.06.1999: *Habeas Corpus.* Tentativa de duplo homicídio qualificado. Recurso *ex officio.* Publicação em pauta de julgamento. 1. Implica vício de nulidade a decisão proferida em recurso *ex officio* que não constar da pauta de julgamento. 2. A ausência de prévia intimação ou publicação da pauta de

O princípio da publicidade é caracterizado pela possibilidade de restrição a ser feita por lei em sentido formal em favor da intimidade das pessoas ou quando assim reclamar o interesse social.

A cláusula revela que a publicidade é regra, ao passo que o sigilo é exceção.

Surge um questionamento: a referência à "lei" impede ao magistrado ou a outros órgãos do Estado que decretem sigilo quando em risco a intimidade ou o interesse social?

É óbvio que não. O comando do art. 5º, LX, da Constituição, ao instituir que "a lei *só* poderá restringir a publicidade...", simplesmente indica um balizamento à atuação do legislador ordinário quando estiver em vias de disciplinar contingente limitação à publicidade dos atos processuais, não podendo, por conseguinte, viabilizar qualquer restrição ao caráter público de tais atos fora dos limites traçados pelo art. 5º, LX. De conseqüência, ao juiz continua assegurado o poder de determinar a tramitação do processo sob sigilo, não apenas com base na intimidade e no interesse público, mas também se a publicidade do ato processual puder vulnerar o direito à honra e à imagem da pessoa.

15.3. O Princípio da Publicidade e o Inquérito Civil Público

Sabe-se que a Constituição de 1988 ofereceu ao Ministério Público importantíssimo instrumento de atuação, que é o *inquérito civil público* (art. 129, III).

Tratando-se o inquérito civil público de procedimento administrativo e preparatório para a propositura de ação civil pública, discute-se se o membro do Ministério Público estaria obrigado a reverenciar, em todos os atos, o princípio da publicidade.

E então? Os atos investigatórios levados a cabo pelo Ministério Público do Trabalho também se submetem ao disposto no art. 5º, LX, da Constituição?

Responde-nos *Geisa de Assis Rodrigues*: "O princípio da publicidade se aplica ao inquérito civil com as ressalvas ordinárias, ou seja, não podem ser divulgadas as informações cujo sigilo deva ser mantido para proteger o interesse público e o direito à intimidade e à vida privada das pessoas. No primeiro caso, o interesse público é uma noção aberta que pode justificar, em múltiplas situações, o sigilo da investigação até mesmo para resguardar a eficácia de seus resultados. A segunda hipótese ocorre quando a divulgação de um dado apurado em sigilo represente afronta ao direito, também de dignidade constitucional, da proteção da imagem, da honra e da intimidade das pessoas".[2]

---

julgamento de recurso de ofício ofende os princípios da publicidade e da ampla defesa, a teor do que preceitua a Súmula n. 431. 3. *Habeas Corpus* deferido".

(2) Cf. *Ação Civil Pública e Termo de Ajustamento de Conduta*. Rio de Janeiro: Forense, 2002, p. 87.

15.4. O princípio da publicidade e a redação do Art. 93, IX, CF após a EC n. 45/04

A *eficácia direta dos direitos fundamentais*, isto é, a aptidão para consolidar tais direitos no campo das relações privadas, promoveu autêntica revolução no direito material do trabalho.

Se é verdade que as preocupações de antanho e voltadas às demandas envolvendo férias, 13º salário, aviso prévio e horas extras continuam se convertendo em pedidos habitualmente formulados pelos reclamantes, não menos é, todavia, que a Justiça do Trabalho tem sido constantemente provocada para se pronunciar acerca da ofensa a direitos fundamentais dos trabalhadores, tais como intimidade(3), vida privada, liberdade religiosa, liberdade sexual (com os inúmeros casos de assédio sexual que chegam à apreciação de juízes e procuradores do trabalho)(4), fazendo com que o aplicador do direito material se mantenha atento à nova realidade das relações de trabalho.

Relativamente a um desses direitos fundamentais — no caso, o direito individual à intimidade —, houve importante mudança de natureza processual, que merecerá redobrada atenção dos juízes do trabalho e dos membros do Ministério Público do Trabalho.

Trata-se da modificação consumada no art. 93, IX, da Constituição pela EC n. 45/04, cuja redação atual é a seguinte: "Todos os julgamentos dos órgãos do Poder Judiciário serão públicos, e fundamentadas todas as decisões, sob pena de nulidade, podendo a lei limitar a presença, em determinados

---

(3) DANO MORAL. REVISTA ÍNTIMA. Agride a pessoa quanto ao seu direito à intimidade, à privacidade e à honra revista íntima realizada na empresa fabricante de "lingerie" quanto a mais de uma empregada de cada vez, obrigando-a a praticamente despir-se na presença de outras pessoas, mormente seus colegas de trabalho. E as circunstâncias que levam a essa proibição enveredam por diversos caminhos, atingindo valores tanto estéticos e a auto-estima da laborista, assim como religiosos e morais, levando-a desde o constrangimento até a vergonha e medo, magoando-a e a fazendo sofrer da lesão e desrespeito a sua dignidade. (TRT 2ª R. – RO 23560 – (20030327371) – 10ª T. – Relª Juíza Sônia Aparecida Gindro – DOESP 15.07.2003)

(4) ASSÉDIO SEXUAL. RESPONSABILIDADE DO EMPREGADOR PELOS ATOS DO PREPOSTO. PROVA INDICIÁRIA. Ao empregador incumbe a obrigação de manter um ambiente de trabalho respeitoso, pressuposto mínimo para a execução do pacto laboral. A sua responsabilidade pelos atos de seus prepostos objetiva (art. 1.521, III, do CC e Súmula 341 do Supremo Tribunal Federal), presumindo-se a culpa. A prova dos atos atentatórios da intimidade da empregada muito difícil, pois geralmente são perpetrados na clandestinidade, daí porque os indícios constantes dos autos têm especial relevância, principalmente quando apontam para a prática reiterada do assédio sexual com outras empregadas. Tal conduta tem como conseqüência a condenação em indenização por danos morais (art. 5º, X, da CR/88) e a rescisão indireta do contrato de trabalho (art. 483, e, da CLT). (TRT 3ª R. – RO 4269/02 – 5ª T. – Rel. Juiz Rogério Valle Ferreira – DJMG 06.07.2002 – p. 14)

DANO MORAL. ASSÉDIO SEXUAL. PROVA. Restando inequivocamente demonstrada a prática de assédio sexual, trazendo a certeza de que, efetivamente o acusado se comportou de forma imoral, ferindo a liberdade sexual da reclamante, suficiente para caracterizar o dano moral, inteiramente justo o pedido de reparação vindicado. (TRT 3ª R. – RO 4799/02 – 3ª T. – Relª Juíza Maria Lúcia Cardoso de Magalhães – DJMG 16.07.2002 – p. 17)

atos, às próprias partes e a seus advogados, ou somente a estes, em casos nos quais a preservação do direito à intimidade do interessado no sigilo não prejudique o interesse público à informação".

O art. 93, IX, da Constituição, alterado pela EC n. 45/04, pretende mudar o curso da atávica tendência ao decreto de sigilo pelo Poder Judiciário brasileiro, condicionando-o às hipóteses nas quais a preservação do direito à intimidade do interessado não prejudique o interesse público à informação.

E surge a primeira conclusão: após a EC n. 45/04, *o decreto de sigilo não poderá sopesar o direito à intimidade e a liberdade de informação quando o interesse público impuser a divulgação da notícia*, devendo ser prestigiado, de modo absoluto, o direito individual à informação.

Nesse passo, após a EC n. 45/04, presenciado, *in concreto*, o interesse público à informação, cederá sempre o direito à intimidade em favor da liberdade de informação.

Com isso, afasta-se a técnica de ponderação de interesses para solucionar contingente contraposição entre a intimidade e a liberdade de informação.

A técnica de ponderação de interesses assente com a restrição ao direito contraposto, desde que não venha a afastá-lo completamente. E, no caso, se aplicada a técnica, deveria o magistrado equilibrar o direito à intimidade e a liberdade à informação num ponto em que nenhum deles fosse passível de prevalência absoluta sobre o outro.

Sucede que, após a EC n. 45/04, não haverá possibilidade de restringir-se a liberdade de informação quando atrelada ao interesse público, devendo ser afastado o direito individual à intimidade. Portanto, não há, em rigor, qualquer colisão entre os direitos indigitados, razão por que falece fundamento para utilização da técnica de ponderação de interesses, desde que a ocorrência do *pressuposto* ao uso do método — colisão entre direitos fundamentais — não subsiste no particular.

E por quê? Tão-só em razão de a parte final do art. 93, IX, afastar, por completo, o direito da personalidade quando residir *interesse público* na divulgação do fato.

Com efeito, presente o interesse público à informação, cede totalmente a intimidade da pessoa em favor do imperativo quanto à divulgação do fato.

Desse modo, a cada vez que se instar o Poder Judiciário à solução de controvérsia cujo objeto se relacione ao direito individual à intimidade, não será admissível o sopesamento entre este direito e a liberdade de informação quando houver interesse público na divulgação da notícia. De conseguinte — repita-se —, a *técnica de ponderação de interesses*, que pressupõe a tentativa de equilibrar os bens constitucionalmente tutelados, após a EC n. 45/04, não mais prevalece diante do espaço de tensão existente entre o direito à intimidade e a liberdade de informação jornalística.

E os demais direitos individuais indicados no art. 5º, X, da Constituição?

Não ficam prejudicados os direitos previstos no art. 5º, X, e que se relacionam à vida privada, à imagem e à honra, principalmente porque será a intimidade o único direito individual que não poderá ser objeto da técnica de ponderação de valores.

Assim, como o art. 93, IX, afastou exclusivamente o direito à intimidade quando se notar o interesse público à divulgação, continua a hermenêutica constitucional vinculada à técnica da ponderação de interesses no referente à vida privada, honra e imagem, mesmo que haja interesse público à informação.

Como se vê, a delimitação do que pode ser propriamente definido como "interesse público à informação" é crucial para o afastamento do direito à intimidade, bem como para utilizar a ponderação de interesses no tocante à vida privada, honra e imagem.

E o que vem a ser interesse público?

Ora, outra coisa não é que um *topoi*, ou seja, um lugar-comum, um ponto de partida, por meio do qual o intérprete da norma alcança conclusões a respeito do problema normativo ocorrente.

E de sorte a aplicar-se corretamente a ponderação de valores com relação à vida privada, honra e imagem das pessoas, é claro que a interpretação constitucional deve ser instruída pelo princípio da proporcionalidade,[(5)] optando-se pela solução que menor gravame imponha aos direitos fundamentais.

No campo da jurisprudência, o Supremo Tribunal Federal já utiliza o princípio da proporcionalidade.[(6)]

---

(5) Consolidado inicialmente na jurisprudência da Corte Constitucional Federal Alemã sob o pálio do princípio da proibição do excesso (*Übermassverbot*), o postulado da proporcionalidade assume três acepções na ciência do direito constitucional (ver subitem pertinente no Capítulo relativo à interpretação constitucional).

(6) O Supremo Tribunal Federal, quando do julgamento da ADIn n. 855/PR, concluiu que "embora a doutrina constitucional brasileira não tenha logrado emprestar um tratamento mais sistemático à matéria, a questão da razoabilidade das leis restritivas tem assumido relevância na aferição da constitucionalidade de algumas leis". Outra decisão que merece registro é a pertinente à Representação n. 1.077, que trata do exame da constitucionalidade da Lei n. 383, de 04 de dezembro de 1980, do Estado do Rio de Janeiro, que elevara exorbitantemente os valores da taxa judiciária: "Sendo — como já se acentuou —, a taxa judiciária, em face do atual sistema constitucional, taxa que serve de contraprestação à atuação de órgãos da justiça cujas despesas não sejam cobertas por custas e emolumentos, tem ela — como toda taxa com caráter de contraprestação — um limite, que é o custo da atividade do Estado, dirigido àquele contribuinte. Esse limite, evidentemente, é relativo, dada a dificuldade de se saber, exatamente, o custo real dos serviços a que corresponde tal contraprestação. O que é certo, porém, é que não pode taxa dessa natureza ultrapassar uma equivalência razoável entre o custo real dos serviços e o montante a que pode ser compelido o contribuinte a pagar, tendo em vista a base de cálculo estabelecida pela lei e o *quantum* da alíquota por esta fixado".

Capítulo 16

QUESTÕES CONTROVERTIDAS SOBRE CONTROLE DE CONSTITUCIONALIDADE

16.1. Justificativa

Seria insólito que numa monografia destinada ao exame da repercussão das normas constitucionais no processo do trabalho não houvesse uma linha sequer a respeito de controle de constitucionalidade.

Sendo assim, neste Capítulo 16, longe de pretender descrição minudente e propedêutica de controle de constitucionalidade, desejamos empreender investigação acerca dos temas sobre os quais controvertem doutrinadores e aplicadores do direito.

16.2. O Poder Executivo e as Leis Inconstitucionais

O sistema brasileiro de controle de constitucionalidade segue a *teoria da nulidade absoluta dos atos inconstitucionais*.

Se, nesse passo, a declaração judicial da inconstitucionalidade é retroeficaz e fulmina a lei ou o ato normativo viciado desde o momento em que ingressou no sistema, seria estranho obrigar o Chefe do Poder Executivo à espera da conclusão judicial, pois isso poderia resultar inominável agravo ao patrimônio público.

Todavia, guiado por razões de segurança jurídica ou de excepcional interesse social, poderá o STF, por maioria de 2/3 de seus membros, restringir os efeitos da declaração ou decidir que ela só tenha eficácia a partir de seu trânsito em julgado ou de outro momento que venha a ser fixado (art. 27, Lei n. 9.868/99).

Portanto, há hipóteses nas quais a declaração de inconstitucionalidade produzirá tão-só efeitos *ex nunc* ou *pro futuro*.

Logo, ao impedir-se que o Chefe do Poder Executivo afaste, no âmbito da administração pública por ele chefiada — e só com relação a ela, é claro! — a aplicação de norma suspeita de inconstitucionalidade, significa admitir o desencadeamento de efeitos nocivos ao interesse público até que, por definitivo, o Poder Judiciário declare a existência do vício.

Conseqüentemente, a própria redação atribuída ao art. 27, da Lei n. 9.868/99 serve de perfeito fundamento para a recusa de aplicação de lei ou ato normativo fundadamente inconstitucional, porquanto há situações em que se não presencia retroeficácia na declaração, advindo daí possível efeito danoso ao patrimômio público, cumprindo ao Chefe do Poder Executivo atuar preventivamente de molde a obstar se consolide essa situação.

Atente-se, no entanto, que vimos cogitando de prerrogativa do Chefe do Poder Executivo, razão por que não é deferida a outras autoridades administrativas, por mais autonomia que tenham ou possam crer que a possuam.

É que o Chefe do Poder Executivo detém a prerrogativa; porém pode ser responsabilizado por descumprimento da Constituição (art. 85, *caput*, *e.g.*).

Advirta-se ainda que não se trata, de jeito algum, de usurpação de competência judicial pela função executiva, porque, de resto, eventual ofensa a interesse dos indivíduos ocasionada pela recusa quanto à aplicação de lei considerada inconstitucional pelo Presidente da República, Governadores e Prefeitos, poderá ser conduzida ao Poder Judiciário, que dará a palavra final sobre a adequação ou não da norma ou ato normativo à Constituição.

Por fim, é na linha da admissibilidade da tese de recusa legítima de lei inconstitucional pelo Poder Executivo que se pronunciam o STF(1) e o STJ(2).

16.3. Coisa julgada e controle de constitucionalidade

Ao prosseguirmos com o exame das questões controvertidas sobre controle de constitucionalidade, analisaremos a ocorrência de coisa julgada no âmbito do controle abstrato da constitucionalidade.

Quanto ao controle incidental-difuso, o tema não merece maiores disceptações visto que se resolverá o problema da imutabilidade da decisão

---

(1) ADIn n. 221/DF, rel. Min. Moreira Alves. Nessa ação direta, o STF estendeu tal prerrogativa aos Chefes dos Poderes Legislativos.

(2) Resp. n. 23.121/92, rel. Min. Humberto Gomes de Barros.

com apoio nas regras processuais comuns em razão do desencadeamento de efeitos apenas entre as partes, exceto se o Senado se utilizar da competência firmada no art. 52, X, CF.

Todavia, no âmbito do controle efetivado em sede de ação direta, surgem dois questionamentos de vulto: a) O Supremo Tribunal Federal está vinculado à decisão que proferiu em anterior ação direta? Ou, de outra forma: o acórdão que concluiu pela constitucionalidade ou não de lei ou ato normativo do Poder Público produz coisa julgada material?; b) É possível desconstituir sentenças transitadas em julgado que tenham ofendido a decisão do STF prolatada no controle abstrato?

Em primeiro lugar, recordemos que a Teoria Geral do Processo indica a existência da *coisa julgada formal* e *material*. Aquela se refere à impossibilidade de renovar-se discussão no *interior* do processo cuja decisão não caiba mais recurso. Esta, diferentemente, é impeditiva de nova discussão quer *dentro* do processo em que foi produzida quer *fora* dele.

Por conseguinte, quando se examina se a decisão do STF produz coisa julgada material, está a se analisar se a nossa Suprema Corte obriga-se a decidir de idêntico modo com relação a outras ações diretas supervenientes que possuam total identidade dos elementos da ação.

E a resposta só pode ser negativa...

A defesa da ocorrência de coisa julgada material no tocante ao STF acerca de decisões por ele próprio prolatadas seria o mesmo de acolher o efeito vinculante dirigido à Corte. E tal entendimento não encontra respaldo na Constituição de 1988.

Eis a redação do § 2º do art. 102: "As decisões definitivas de mérito, proferidas pelo Supremo Tribunal Federal, nas ações diretas de inconsitucionalidade e nas ações declaratórias de constitucionalidade produzirão eficácia contra todos e *efeito vinculante*, *relativamente aos demais órgãos do Poder Judiciário e à administração pública direta e indireta, nas esferas federal, estadual e municipal*".

Como se vê, o efeito vinculante, específico do controle abstrato[(3)], não deve ser dirigido ao STF, porque se impõe "aos demais órgãos do Poder Judiciário", além de outras autoridades referidas no parágrafo.

E ainda que não residisse dispositivo na Constituição a afastar o efeito vinculante em relação ao STF nessas situações, é induvidoso que a natureza do controle abstrato de normas não determinaria coisa julgada material, porque o decidido no passado, à luz de circunstâncias econômicas, sociais e políticas diversas, pode, de fato, ser decidido diferentemente no presente ou no futuro diante da alterabilidade atávica de ditas circunstâncias.

(3) Embora a argüição de descumprimento de preceito fundamental (ADPF), que tem caráter ambivalente (controle concreto ou abstrato), também produz efeito vinculante (§ 3º, art. 10, Lei n. 9.882/98).

Gilmar Ferreira Mendes assinala que "tem-se admitido (...) que a coisa julgada material (*materielle Rechtskraft*) não subsiste em face de radicais alterações das circunstâncias fáticas, ou das concepções jurídicas dominantes (...)", concluindo que "(...) a decisão confirmatória de validade não parece obstar à reapreciação da matéria do juízo de constitucionalidade, desde que se configurem significativas alterações quanto ao parâmetro de controle (*Masstabnorm*) ou/e ao objeto do controle (*Prüfungsnorm*)".(4)

No entanto, parece evidente que, malgrado não tenha a decisão anterior o efeito de vincular o STF futuramente quando examinar nova ação direta sob o império de distintos fatores extranormativos, é inegável reconhecer que a decisão no controle abstrato determina coisa julgada material no âmbito das decisões da Corte produzidas no caso concreto, no controle difuso, quando a questão incidental a respeito da (in) constitucionalidade de ato normativo alcançar o Supremo por meio de recurso extraordinário.

Concernente ao segundo questionamento, ou seja, se é possível rescindir decisões transitadas em julgado quando divergirem de conclusão do STF no controle abstrato, salienta Germán Bidart Campos que a revisão da coisa julgada subsistiria ainda que não se presenciasse dispositivo processual que a assegurasse expressamente.(5)

No Brasil, entretanto, a Lei n. 11.232, de 22.12. 2005, que entrou em vigor a partir de 24.6.2006, fixou nova redação ao parágrafo único do art. 741, do Código de Processo Civil, *verbis:* "Para efeito do disposto no inciso II do *caput* deste artigo (o inciso II trata da inexigibilidade do título), considera-se também inexigível o título judicial fundado em lei ou ato normativo declarados inconstitucionais pelo Supremo Tribunal Federal, ou fundado em aplicação ou interpretação da lei ou ato normativo tidas pelo Supremo Tribunal Federal como incompatíveis com a Constituição Federal".

Logo, o sistema processual brasileiro admite expressamente que, em sede de embargos à execução contra Fazenda Pública, aduza o embargante-executado que o título judicial a aparelhar a execução é inexigível em virtude de inconstitucionalidade reconhecida pelo STF no que concerne à norma em que se fundara o título impugnado.

Portanto, em duas hipóteses pode ser atacada a coisa julgada material: a) nos embargos à execução, obviamente se atendido o prazo de trinta dias para sua oposição (art. 730, *caput*, alterado pelo art. 1º-B, da Lei n. 9.494/97); b) na ação rescisória, com fundamento no art. 485, V, CPC, proposta no prazo de dois anos do trânsito em julgado da decisão rescindenda (art. 495, CPC).

---

(4) Cf. *Controle de Constitucionalidade*, pp. 297-299.

(5) *Apud* NASCIMENTO, Carlos Valder do, *Por uma Teoria da Coisa Julgada Inconstitucional*, p. 13.

É claro que, tanto no tocante aos embargos quanto com relação à ação rescisória, somente será admitida a tese da coisa julgada inconstitucional com fundamento em decisão prolatada pelo STF no controle abstrato e trânsita em julgado *antes* da formação da coisa julgada que se pretende desconstituir. Se a sentença, ainda que articulada a sua inconstitucionalidade, produziu coisa julgada antes de o STF se pronunciar sobre a questão, aí passa a ser absoluta a intangibilidade da *res judicata*.

Nelson Nery Jr. e *Rosa Maria Andrade Nery* expõem que "(...) somente a decisão *anterior* do STF, proclamando a inconstitucionalidade de lei ou de ato normativo ou a aplicação ou interpretação de norma tida como incompatível com a CF em ADIn (...) é que poderia atingir o título executivo judicial que transitasse em julgado *posteriormente* à decisão do STF".(6) (grifos do original).

Parece-nos irretorquível o entendimento.

Se é indiscutível a retroação de efeitos na declaração de inconstitucionalidade efetivada no controle abstrato, atingindo-se a norma desde a sua gênese, salvo quando o STF lança mão do procedimento descrito no art. 27, da Lei n. 9.868/99, é irrepreensível a ilação de que a retroeficácia não poderá atingir situações jurídicas protegidas por decisões judiciais transitadas em julgado *antes* da emissão do acórdão do STF que se inclinou pela tese da inconstitucionalidade. É que, na hipótese, autorizados efeitos *ex tunc* radicais, até contra a coisa julgada formada em momento anterior anterior à decisão do STF, seria solapada a cláusula do Estado Democrático de Direito (art. 1º, *caput*, CF), a intangibilidade da coisa julgada — objeto de tutela constitucional (art. 5º, XXXVI) — e um dos seus corolários, que é o *princípio da segurança jurídica*.(7)

Além disso, temos convicção que o controle abstrato da constitucionalidade, ao ser balizado sobretudo por circunstâncias extranormativas, impede naturalmente o desencadeamento de efeitos *ex tunc* que venham alcançar a coisa julgada que se formou em momento anterior à decisão no controle abstrato.

---

(6) Cf. Código de Processo Civil Comentado, p. 918.

(7) Há, no entanto, decisões em sentido contrário: "QUESTÃO DE ORDEM. PROCESSO CIVIL. EXECUÇÃO CONTRA FAZENDA PÚBLICA. COISA JULGADA. INCONSTITUCIONALIDADE. RELATIVIZAÇÃO. EXONERAÇÃO DO CUMPRIMENTO DA DECISÃO. 1. A inconstitucionalidade, por ser matéria de ordem pública, pode ser reconhecida, de ofício, a qualquer tempo e grau de jurisdição, mesmo depois de preclusas as vias impugnativas e formada a denominada coisa julgada, a exemplo do que acontece com os erros materiais e a nulidade absoluta. Em assim sendo, por não estar coberta pela *res judicata* a decisão portadora de efeitos juridicamente impossíveis, a mesma pode ser revista a qualquer momento, até mesmo por ocasião da execução, ante inexigibilidade do título, por ser nula a coisa julgada inconstitucional. 2. Encerrando a presente hipótese situação excepcional, tendo em vista que o Supremo Tribunal Federal e esse próprio sodalício, reiteradamente, tem declarado a inconstitucionalidade do IPC como índice de reajuste dos vencimentos de servidores estadual, desobriga-se o Estado do Espírito Santo do cumprimento da decisão no que tange a denominada 'Lei da Trimestralidade'". (TJES – MS 100010010013 – TP – Rel. Des. Sérgio Bizzotto Pessoa de Mendonça – J. 06.02.2003).

E por quê?

Recorra-se a exemplo para responder à pergunta: imagine-se que, editada uma lei, somente meses ou anos após tenha sido proposta a ação direta (a ação direta não se submete a prazo algum) ou declarada a inconstitucionalidade com efeitos *ex tunc*.

Ora, se a declaração de inconstitucionalidade se deu após considerável lapso temporal, é óbvio ter ocorrido sob a vigência de fatores exógenos predominantes à época em que se deu, e não no instante em que ingressou a norma no sistema.

Por conseqüência, é equívoco manifesto desconstituir a coisa julgada que se formou antes da declaração do Supremo na via direta porque, naquela época, não se impunha a declaração de incompatibilidade vertical da norma com a Constituição à vista das cirucnstâncias extranormativas, tanto que sequer foi a medida utilizada.

16.4. Controle de Constitucionalidade e Normas Revogadas

Quando se propõe ação direta (controle abstrato) ou quando se pretende que a declaração de inconstitucionalidade se dê de modo incidental em determinado processo (controle concreto), é habitual que o interessado na declaração se volte contra lei ou ato normativo *existente* no sistema normativo, que ainda produz efeitos posto que não revogados por lei posterior ou pela Constituição.

Não é raro, todavia, que o interesse na declaração de inconstitucionalidade se dirija às normas revogadas, porque, sendo induvidoso que a revogação determina efeitos *pro futuro*, ou seja, somente após o momento em que o corpo legislativo retira a norma do sistema, pode-se tornar relevante a declaração de inconstitucionalidade de normas a respeito das quais se opera o fenômeno da *ultratividade*.

Tome-se por exemplo determinada lei tributária que elegeu um dado comportamento como fato jurídico tributável e foi revogada após alguns anos de vigência.

Nesse caso, parece claro que o princípio constitucional tributário da legalidade estrita (art. 150, I) impedirá a investida da administração fiscal contra o contribuinte, cujo comportamento realizado *após* a revogação da lei, simplesmente deslegitima a iniciativa do fisco à ausência de lei.

O que dizer com relação ao contribuinte que realizou o comportamento durante o período de vigência da lei? Haveria ofensa à legalidade estrita se o fisco buscasse o pagamento do tributo?

É óbvio que não, posto que, se o fato ocorreu durante período em que a lei *existia*, revogação posterior não obsta à cobrança dos tributos devidos e relativos ao respectivo período de vigência da lei.

Nasce, assim, legítimo interesse à declaração de inconstitucionalidade de dispositivo de lei revogada.

A jurisprudência do STF é no sentido da inadmissibilidade de controle abstrato da constitucionalidade quando o objeto é lei revogada. O fundamento utilizado foi o de que, nesses casos, a ação direta serviria apenas para a tutela de situações jurídicas individuais, circunstância que se não compatibiliza, segundo a Corte Suprema, com o controle efetivado na via abstrata.[8]

Canotilho também restringe tal possibilidade: "(...). Não deve recorrer-se à declaração de inconstitucionalidade sempre que os efeitos já produzidos sejam pouco relevantes ou possam ser eliminados recorrendo a outros meios ou remédios para a defesa de direitos".[9]

---

(8) "AÇÃO DIRETA DE INCONSTITUCIONALIDADE. OBJETO DA AÇÃO. REVOGAÇÃO SUPERVENIENTE DA LEI ARGÜIDA DE INCONSTITUCIONAL. PREJUDICIALIDADE DA AÇÃO. CONTROVÉRSIA. Objeto da ação direta prevista no art. 102, I, a e 103 da Constituição Federal, e a declaração de inconstitucionalidade de lei ou ato normativo em tese, logo o interesse de agir só existe se a lei estiver em vigor. Revogação da lei argüida de inconstitucional. Prejudicialidade da ação por perda do objeto. A revogação ulterior da lei questionada realiza, em si, a função jurídica constitucional reservada a ação direta de expungir do sistema jurídico a norma inquinada de inconstitucionalidade. Efeitos concretos da lei revogada, durante sua vigência. Matéria que, por não constituir objeto da ação direta, deve ser remetida as vias ordinárias. A declaração em tese de lei que não mais existe transformaria a ação direta, em instrumento processual de proteção de situações jurídicas pessoais e concretas. Ação direta que, tendo por objeto a Lei n. 9.048/1989 do Estado do Paraná, revogada no curso da ação, se julga prejudicada" (STF – ADIMC 709 – PR – T.P. – Rel. Min. Paulo Brossard – DJU 24.06.1994).

(9) Cf. Direito Constitucional e Teoria da Constituição, p. 938.

BIBLIOGRAFIA

ARAUJO, Luiz Alberto David & NUNES Jr., Vidal Serrano. *Curso de Direito Constitucional.* 5. ed., São Paulo: Ed. Saraiva, 2001.

ARISTÓTELES, *Política*. Brasília: Ed. UNB, 7. ed., tradução, introdução e notas de Mário da Gama Kury, 1997.

BANDEIRA DE MELLO, Celso Antônio. *Conteúdo Jurídico do Princípio da Igualdade.* 3. ed, São Paulo: Malheiros, 1993.

BARROS, Alice Monteiro de. *Curso de Direito do Trabalho*, São Paulo: LTr, 2005.

CALMON DE PASSOS, José Joaquim. "O Devido Processo Legal e o Duplo Grau de Jurisdição". *In: Revista AJURIS*, Porto Alegre: n. 25, 1982, pp. 130-144.

CORREIA, Marcus Orione Gonçalves. *Direito Processual Constitucional.* São Paulo: Saraiva, 1998.

COUTINHO, Grijalbo Fernandes & FAVA, Marcos Neves. *Justiça do Trabalho: Competência Ampliada.* São Paulo: LTr, 2005.

CRISAFULLI, Vezio. "Efficacia delle norme costituzionali programmatiche", *in: Rivista Trimestrale di Diritto Pubblico*, Milano, 1951.

DALAZEN, João Oreste. "A reforma do Judiciário e os novos marcos da competência material da Justiça do Trabalho no Brasil", *in: Competência da Justiça do Trabalho – Aspectos Materiais e Processuais*, Alexandre Augusto Campana Pinheiro, São Paulo: LTr, 2005.

DELGADO, Mauricio Godinho. *Curso de Direito do Trabalho.* São Paulo: LTr, 2005.

DIDIER JR., Fredie, BRITO, Edvaldo & CASALI, Saulo. *Reforma do Judiciário* – Programa de Pós-graduação em Direito da Universidade Federal da Bahia. São Paulo: Saraiva, 2006.

ENGISCH, Karl. *Introdução ao pensamento jurídico.* 6. ed., Lisboa: Fundação Calouste Gulbenkian, 1983.

FARIA, José Eduardo (organizador). *Direito e Justiça – A Função Social do Judiciário.* 2. ed., São Paulo: Ática, 1994.

FIX ZAMUDIO, Héctor. *La Protección Procesal de los Derechos Humanos.* Madrid: Ed. Civitas, 1982.

GROPPALI, Alexandre. *Doutrina do Estado.* São Paulo: 2. ed., Saraiva, 1962.

MARTINS FILHO, Ives Gandra da Silva. *Ação Civil Pública Trabalhista.* Recife: Ed. Nossa Livraria, 1997.

MAZZILLI, Hugo Nigro. *Introdução ao Ministério Público.* São Paulo: Saraiva, 1997.

MEIRELLES, Hely Lopes. *Direito Administrativo Brasileiro.* 18. ed., São Paulo: Ed. RT, 1993.

NASCIMENTO, Amauri Mascaro. *Curso de Direito Processual do Trabalho.* 10. ed., São Paulo: Saraiva, 1989.

NERY JR., Nelson. *Princípios do Processo Civil na Constituição Federal.* São Paulo: Ed. RT, 1992.

NEVES, Marcelo. *A constitucionalização simbólica.* São Paulo: Ed. Acadêmica, 1994.

NUNES, Dierle José Coelho. *Direito Constitucional ao Recurso: da Teoria Geral dos Recursos, das Reformas Processuais e da Comparticipação nas Decisões.* Com Comentários à Lei n. 11.187/2005, que alterou a sistemática do recurso de agravo. Rio de Janeiro: Lumen Juris, 2006.

PICÓ Y JUNOY, Joan. *Las Garantías Constitucionales del Proceso.* Barcelona: Jose Maria Bosch Editor, 1997.

REALE, Miguel. *Estado Democrático de Direito e o Conflito de Ideologias.* São Paulo: Saraiva, 1998.

RODRIGUES, Geisa de Assis. *Ação Civil Pública e Termo de Ajustamento de Conduta.* Rio de Janeiro: Forense, 2002.

RODRIGUES PINTO, José Augusto. *Execução Trabalhista.* 9. ed., São Paulo: LTr, 2002.

______________. *Processo Trabalhista de Conhecimento.* 7. ed., São Paulo: LTr, 2005.

______________. *Curso de Direito Individual do Trabalho.* 4. ed., São Paulo: LTr, 2000.

______________. "Os Graves Embaraços Processuais da Emenda Constitucional n. 20/98", *In: Revista LTr.* São Paulo: LTr, 1998, n. 63.

ROSAS, Roberto. *Direito Processual Constitucional* (Princípios Constitucionais do Processo Civil), São Paulo: Ed. RT, 1983.

RUSSOMANO, Mozart Victor. *Comentários à Consolidação das Leis do Trabalho.* 10. ed., Rio de Janeiro: Forense, 1993.

SEABRA FAGUNDES, Miguel. *O Controle dos Atos Administrativos pelo Poder Judiciário.* 3. ed., Rio de Janeiro: Revista Forense, 1957.

SILVA, José Afonso da. *Aplicabilidade das Normas Constitucionais.* 3. ed., São Paulo: Malheiros, 1998.

SILVA, Luiz de Pinho Pedreira da. "A reparação do dano moral no Direito do Trabalho". São Paulo: *Revista LTr,* 55-5/552.

______________. *Principiologia do Direito do Trabalho.* Salvador: Gráfica Contraste, 1996.

SILVA NETO, Manoel Jorge e. *Curso de Direito Constitucional.* 2. ed., Rio de Janeiro: Lumen Juris, 2006.

______________. *Proteção Constitucional dos Interesses Trabalhistas – Difusos, Coletivos e Individuais Homogêneos.* São Paulo: LTr, 2ª tiragem, 2004.

______________. *Direitos Fundamentais e o Contrato de Trabalho.* São Paulo: LTr, 2005.

SIMON, Sandra Lia. "A Ampliação da Competência da Justiça do Trabalho e o Ministério Público do Trabalho", *in: Nova Competência da Justiça do Trabalho*, Grijalbo Fernandes Coutinho & Marcos Neves Fava (coordenadores). São Paulo: LTr, 2005, pp. 341-355.

TAVARES, André Ramos. *Curso de Direito Constitucional.* São Paulo: Saraiva, 2002.

TEIXEIRA FILHO, Manoel Antonio. *Breves Comentários à Reforma do Poder Judiciário.* São Paulo: LTr, 2005.

______________. *Princípios Constitucionais do Processo do Trabalho.* São Paulo: LTr, 1998.

TUCCI, Rogério Lauria & TUCCI, José Rogério Cruz e. *Constituição de 1988 e Processo – Regramentos e garantias Constitucionais do Processo.* São Paulo: Saraiva, 1989.

ÍNDICE ONOMÁSTICO

ÍNDICE ALFABÉTICO-REMISSIVO

Produção Gráfica e Editoração Eletrônica: **PETER FRITZ STROTBEK**

Capa: **ELIANA C. COSTA**

Impressão: **HR GRÁFICA E EDITORA**